JN278781

超《スーパー》食費1か月1万円生活。

super ichimanyen life

武田真由美

主婦と生活社

はじめに

私は家事ができなくて共働きを返上。専業主婦になって主婦雑誌で勉強を始め、１枚のアンケートを「すてきな奥さん」（主婦と生活社）に送ったのがきっかけで、たびたび誌面に登場させていただき、いつの間にか“カリスマ主婦”と呼ばれるようになった自分に驚いています。そして「食費１か月１万円生活。」（小社刊）が発売されると、今度はテレビやほかの雑誌、地元の新聞などから取材が殺到し、毎日の暮らしも少しずつ変わってきました。

ときにはカルチャーセンターで講演を頼まれることもあり、最初は人前に立つだけでパニックに。さらに、本を読んだ友人が家計簿を持ってやりくりの相談をしにきたり、カルチャーセンターで年配の方から健康についての質問を受けたりすることもたびたび。私はそのたびに自分が実践している知識だけでなく、もっとちゃんと勉強をしなくては！と思うようになり、食生活アドバイザーやファイナンシャルプランナーの資格をとりました。そうしているうちにいろいろな方からの質問にもちゃんと答えられるようになり、「私でも人の役に立てることがある！」と思えるようになったのです。

それが仕事にも結びつき、家事をしながら少しずつステップアップしている自分に気づかされます。決して無理はできないので、少しずつ少しずつ。家族も私のやることをそっと陰で支えてくれるので、とても充実した日々を送っています。
「本を読んで元気になった！」と、手紙をもらったり、直接声をかけてくださったり、こんなひと言ひと言が私の心に染み、背中を押されて次の目標に向かっているのです。本当に多くの人に支えられて、今の自分があると心から感謝しています。

本書では初めての本から３年が過ぎ、私の知識も料理のレパートリーもうんと増えたので、“丸ごと１冊このとおりに実践すれば、食費１か月１万円生活は実現できる！”という構成にしました。何をどうやったらいいのかわからない人も、まずはこの本のとおりにやってみて！　そうすればだれでも“やりくり達人”になれます。１週目から５週目まで毎日の献立、買い物表も紹介しているので、すぐに実践できます。そして“やったぁ！”という達成感を味わっていただけることを心から願っています。

武田真由美

☆本書ではそれぞれの料理レシピに「やったらチェック」のチェックボックスがついています。
自分で挑戦したらレ印をつけて、節約メニューをどんどん取得してください。

Super ichimanyen life

contents

第1週目

第2週目

第3週目

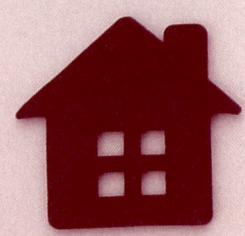

第4週目

第5週目

まゆみ流 食費節約の極意

食費1か月1万円生活の心得
15か条

食費１か月１万円生活を始める前に、
いつも心がけておく心得を、ここでしっかり覚えておきましょう。
何度も復唱して頭に入れたら、いよいよ実践です！

ひとつ 予算は少し余裕を持たせるべし

最初からキュウキュウの予算にしてしまうと、息苦しくなって長続きしません。最初は少しゆとりを持って多めの予算に。そしてその予算でできたら次は少し減らす、またできたら減らす、と徐々に予算を下げましょう。達成感のあることが長続きの秘訣です。

ひとつ 食費は週ごとに袋分けすべし

生活費はそのまま財布に入れておくと、あればあるだけ使ってしまうもの。これでは節約はできません。費目ごとに予算分けをして袋分けしておきましょう。中でも食費は主婦が節約できる最も重要な項目。週ごとに袋分けして予算オーバーしないように心がけましょう。

ひとつ チラシチェックは怠るべからず

広告チェックを日課にしてください。お店の特徴をつかめるだけでなく、底値もわかるようになってきます。またカラーと2色刷りの広告の違いもわかってきます。こうしたことは日々の繰り返ししか身につかないので欠かさず行ってください。
（詳しくはP108参照）

ひとつ 底値を知るべし

底値を知るには底値帳を作ることをおすすめします。小さなノートに品目ごとに値段と店名、曜日を書き出してみてください。最初は面倒と思うかもしれませんが、習慣にすれば苦になりません。1年もすればもうメモしなくても、ちゃんと把握できるようになります。

ひとつ 在庫表をつけるべし

ムダ買いを防ぐために、在庫表も作っておきたいもの。特に冷蔵庫の中にあるものは奥のほうになっていると見失いがちです。買ったものを腐らせないことがムダをカットするということ。買い物へ行く前に必ずチェックしましょう。
（在庫表はP111をコピーして使ってください）

ひとつ 旬のものを買うべし

旬のものは比較的安価です。
季節感も得られるし、うま味や脂がのって美味。
いいことずくめなので
旬のものはどんどんメニューに取り入れるようにしましょう。
たけのこや栗、さんまやぶりなど、
季節を感じさせる食材は食卓を豊かに彩ります。

ひとつ 格安野菜でボリュームアップすべし

もやしなどの格安野菜は上手に使うと
食費を抑える救世主になります。
チンジャオロースに活用したり、
餃子の具に加えたりして
ボリュームアップアイテムにしましょう。
野菜だけでなく、
おからや豆腐なども
ボリュームアップにお役立ちです。

ひとつ まとめ買いを死守すべし

毎日買い物へ行く方法もありますが、
買い物へ行くたびにほかの特売品に手が伸びることだってあるもの。
なるべく回数を減らすことでムダ買いを防ぐことができます。
1週間に1〜2回ですませるようにしましょう。
車で行く場合はガソリン代の節約にもなります。

ひとつ 安く買って上手に保存すべし

野菜も肉も魚も底値を知って安く買うことが大切ですが、
安く買っても腐らせたのでは意味がありません。
買ったらその日に使うもの以外は冷凍できるものはすぐに冷凍して、
おいしさを逃がさないように保存しておきましょう。
（それぞれの冷凍法はP102〜105参照）

ひとつ 残った野菜は見やすい場所に置くべし

ちょこちょこ残る野菜は、野菜室の中に専用の小さなかごを入れて、
そこへまとめておくと見失うことがありません。
そのままポンポン入れるだけだとひからびるまで気づかないことも。
見やすく保存して、使い切ることが大切です。

ひとつ 食材は最後の最後まで使い切るべし

大根の葉だって皮だって、魚の骨だってみんな上手に調理すれば食べられるもの。炒めたり、きんぴらにしたり、油で揚げてカリカリせんべいにしたり……。まだまだ活躍するレシピはあるものです。これまで捨てていたものも徹底して使い切るように工夫しましょう。

ひとつ 捨てる前に「何かに使えないか」と考えるべし

野菜の芯などはついつい捨ててしまいがち。でもここで「何かに使えないか」と立ち止まることが大切です。ブロッコリーの芯などは栄養豊富でちゃんと料理に使えるもの。常にこうした考えを持っていると、食費以外のものでも考えるようになり、ゴミは激減するはずです。

ひとつ 残った料理はリメイクすべし

料理が残ったからといって捨ててしまうのは御法度。必ずリメイクして使い切るようにしましょう。リメイクは家族に残りものと気づかせないのがポイント。かぼちゃの煮つけをスープにしたり、切り干し大根を中華サラダにしたりと新たな料理に生まれ変わらせましょう。

ひとつ 手作りできるものは市販品に頼るべからず

たれやドレッシングなどは買えばけっこう高いもの。しかも種類が豊富なので、それぞれに合わせて買っていたら出費はかさむばかりです。どれも家にある調味料でカンタンに作れるので、できるだけ手作りすることをおすすめします。
（たれやドレッシングの作り方はP107参照）

ひとつ 冷蔵庫がガラガラになるまで買い物へ行くべからず

今日は買い物へ行く日と決めていても、まだ冷蔵庫に残りものがある場合は、1日遅らせるようにしましょう。残ったもので作れる献立を考え、使い切ってから買い物へ。たった1日と思うでしょうが、こうした小さな心がけが食費節約に結びつくのです。

食費1か月
1万円生活。

第1週目

チ～ン

Total

¥6,625

4日目	5日目	6日目	7日目
トースト 目玉焼き コンソメスープ…❺	くるま麸レンチトースト	ウインナ クルリントースト コンソメスープ…❼	トースト オムレツ…肉そ1/5
❶のコロッケ もやしと桜エビの エスニック炒め 卵スープ…❺リメ	半端野菜でドリア …❻リメ	豆腐とのりで うな丼P14 ひじきと豚バラ炒め みそスープ…❼リメ	麻婆もやし…❽P23 中華スープ
もやしグラタン…❻P22 豆腐で ビシソワーズP15 サイコロ温野菜サラダ	いわし缶でピーマンの 肉詰めP19 なんちゃって フカヒレ中華煮	そうめんで巻きずしP26 レンジで茶碗蒸し 自家製漬物 みそ汁	おからで担々麺P30 ツナ餃子…❷リメ
朝 食パン作り3日分 (1週目用) **夜** ホワイトソース 多めに。小分け冷凍	**昼** 皮・軸など 半端野菜一掃	**夜** 漬物1か月分 作り置き	**朝** 万能肉そぼろ 5回分作り置き **昼** 麻婆ソース 作り置き **夜** ラビオリの具に 玉ねぎ・しいたけ プラス

塩￥78
こしょう￥78
粉チーズ￥156
そうめん￥98
干ししいたけ￥98
ねぎ￥78
鶏ガラスープの素￥98
とろけるチーズ￥158
しょうゆ￥98
みりん￥98
酒￥98
酢￥98

オイスターソース￥98
ウスターソース￥98
ドライイースト￥120
豆板醤￥98
煮干し￥124
練りごま￥198
めんつゆ￥178
わかめ￥74
ひじき￥75
みそ￥130

今週の合計

￥6,625

1P＝1パック　リメ＝リメイク　肉そ＝肉そぼろ

献立&お買い物表 第1週目

月日		1日目	2日目	3日目
献立	朝	おからスコーン …(あ) 野菜サラダ …(い)	ご飯 みそ汁…❸ 自家製納豆	おかゆ膳 みそ汁…❹
	昼	ブロッコリーと ツナのコロッケ …❶	煮干しマリネ風サラダ …❸リメ こんにゃくで から揚げ	なんちゃってカツ丼 煮干しのみそ炒め …❹リメ
	夜	ツナ缶でなんちゃって ラビオリ…❷P18 高野豆腐ピザ スパサラ…(い)リメ	お麩でなんちゃって 串カツP27 きゅうりとしいたけ のナムル風	ブロッコリー& ツナ缶オイマヨ炒め おからポテトサラダP31 野菜スープ
下準備		**朝** スコーン作り置き **昼** コロッケ作り置き ブロッコリー 茎・房小分けに **夜** 餃子の皮は小分け冷凍	**朝** 自家製納豆作り置き **昼** 煮干しを捨てずに使 う	**昼** 煮干しを捨てずに使 う
今週のお買い物		餃子の皮¥78 ツナ缶(4缶)¥178 高野豆腐1P¥128 くるま麩1P¥128 豚バラ肉600g¥358 卵1P(10個)¥100 おから600g¥50 じゃがいも2kg¥198 きゅうり5本¥78 にんじん1kg¥198 玉ねぎ2.5kg¥198 ウインナ250g1P¥198	牛乳1ℓ¥98 いわし缶(3缶1P)¥250 ピーマン大袋(15個入り) ¥100 焼きのり1P(10枚)¥50 しいたけ1P(6枚入り) ¥50 ホットケーキミックス 500g¥100 合いびき肉1kg¥380 ブロッコリー1個¥58 もやし2袋¥20	絹ごし豆腐1丁¥30 木綿豆腐1丁¥30 かまぼこ1個¥50 こんにゃく1枚¥30 桜エビ¥78 春雨¥88 パスタ1kg¥158 ベーキングパウダー¥98 小麦粉2kg¥156 マーガリン¥198 マヨネーズ¥128 トマトケチャップ¥158

冷蔵庫に保存しておいた焼きのり。なんだかヘナヘナになって、しかも茶色っぽくなってるじゃない。そんな焼きのりの姿をじーっと見ていたら「似てる！　うなぎの皮だわ」とひらめいたんです。身は山いもやれんこんをすりおろしてみたけれど、手間がかかるので豆腐に決定。土用の丑の日に出したら「おいおい、うなぎちゃうやん！」と夫から突っ込まれちゃった！

豆乳を飲んだときのこと、これは飲みづらいな……と。それでスープにしてみたけれど、豆乳はけっこう高い！　そこでこれに代わるものを考えて豆腐にしてみたの。最初は温めて飲んでいたけれど、冷やしてみたら「これ、ビシソワーズ!?　いける！」と思ったわ。家族には「まゆみの作るものは普通じゃない」なんていわれちゃったけど、そんなの関係ない！

やったらチェック ○

豆腐とのりでうな丼

¥60
（ご飯抜き）

豆腐&焼きのりがあれば毎日うな丼が食べられる！

材料（2人分）

- ご飯……………………茶碗2杯分
- 木綿豆腐…………………………1丁
- 焼きのり………………………2〜3枚
- サラダ油…………………………適量
- A
  - しょうゆ……………小さじ3
  - みりん………………小さじ2
  - 小麦粉………………大さじ3
  - 片栗粉………………大さじ2
- うなぎの蒲焼きのたれ……………………大さじ3
- 山椒……………………適量（好みで）

作り方

1. Aの材料を合わせて水をきった豆腐と混ぜ、4等分に切ったのりにぬりつける。

2. フライパンにサラダ油を熱して、豆腐をぬった面を下にして焼き、焼き色がついたらたれを加えて蒲焼き風に煮つめる。

3. どんぶりにご飯を入れ、②をのせる。好みで山椒をふる。

スタミナつけてね♥ダンナ様

まゆみ流 暮らしの裏ワザ

ビールの飲み残しは洗濯に使える！

洗剤と一緒に、ビール大さじ2を洗濯機に入れます。洗濯後、衣類の発色がよくなっています。シミやにおいがつく心配はありません。

○ やったらチェック

豆腐ならおしゃれなフランス料理だってどんとこい！

材料（2人分）

絹ごし豆腐……………………1/2丁
玉ねぎ…………………………150g
マーガリン………………大さじ1
A
- 水……………………………200cc
- 顆粒コンソメ………………小さじ1 1/2
- 塩………………………………少々

パセリ……………………………適量

作り方

1. 鍋にマーガリンを熱し、薄切りにした玉ねぎをしんなりするまで炒める。
2. ①に豆腐を加え、へらでくずしながら炒め、さらに**A**を加えて煮る。
3. ②を10秒ほどミキサーにかけて、冷蔵庫で冷やす。
4. 器に入れてパセリのみじん切りを散らす。

豆腐でビシソワーズ

¥30

まゆみの改良

まゆみ流 暮らしの裏ワザ

シンクは小麦粉+酢でピカピカ！

汚れがつきやすいステンレス製品は、小麦粉+酢でペースト状にしたものを布につけてこすると、驚くほどに輝きがよみがえります。

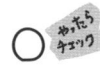

代打にぴったり！
これがラビオリね

本場のラビオリとは形がちょっぴり違うけど、口当たりはおんなじ。もっちりしたラビオリの食感が餃子の皮で楽しめるなんて最高！　手間いらずでチャチャッと作れるのもお気に入りです。それにあの缶詰の王様ツナ缶が具だからほんとにお安くできるのよ。口の中でツナがトマトソースや粉チーズと混じり合うと「ボーノ！　ボーノ！」って叫びたくなっちゃいますよ。

ピーマンはあるけどひき肉がない！というときのお助けおかずがこれ。いわしを刻んでパン粉と片栗粉のつなぎを入れちゃえばもう肉そのもの。しょうが汁でいわしの臭みもすっかり消えているから、魚嫌いの夫もこれは大好物。おまけに血中の悪玉コレステロールを下げてくれるDHAとEPAがたっぷり含まれたいわしだから体にもベリーグッドなのよね。

やったらチェック ○

ツナ缶でなんちゃってラビオリ

¥63

餃子の皮はイタリア料理も生み出すスーパー食品!

材料(2人分)

餃子の皮……………………………10枚

A
- ツナ(缶詰)…………………40g
- トマトケチャップ……………………大さじ1 1/2
- 粉チーズ……………小さじ1
- にんにく……………………少々

ツナ缶の油………………………適量

パセリ、粉チーズ…………各適量

作り方

1. Aの材料を合わせ、餃子の皮の真ん中にスプーンですくってのせる。皮の周囲に水(分量外)をつけ、2つ折りにしてくっつける。

2. 鍋にお湯を沸かし、①を入れる。約30秒で浮かんできたら取り出して皿に盛る。上にツナ缶の油とパセリ、粉チーズをかける。

まゆみ流
暮らしの裏ワザ

ガラスのコップは米ぬかが一番!

米ぬかに水を加えて火にかけ、ペースト状に。少しさましたら、軍手をはめた手につけてコップやグラスをこすり洗いすればピッカピカ。

○ やったらチェック

いわし缶でピーマンの肉詰め

¥139

脂ののったいわしの缶詰があればひき肉は無用。

材料（2人分）

いわしの味つけ缶（しょうゆ味）……1缶(70g)
玉ねぎ……1/2個
ピーマン……4個
片栗粉……小さじ2
サラダ油……大さじ1
A
- 溶き卵……1個分
- しょうが汁……10g分
- パン粉……大さじ2
- 片栗粉……大さじ2
- こしょう……少々

B
- 酒……大さじ1
- しょうゆ……大さじ1
- みりん……大さじ1

片栗粉……小さじ1
水……小さじ2

作り方

1. 玉ねぎはみじん切りにし、いわしは缶から取り出して刻む。
2. ピーマンは縦半分に切って種を取り、片栗粉をまぶす。
3. ボウルに①の玉ねぎといわしを入れ、**A**の材料を入れてよく混ぜる。これを②のピーマンに詰める。
4. フライパンにサラダ油を熱し、詰めた面を下にしてこんがり焼く。焼けたら水少々（分量外）を加えてふたをし、約3分間蒸し焼きにする。水けが少し残るくらいでピーマンを取り出し、皿に盛る。
5.Bを合わせ、④のフライパンに缶詰の汁とともに入れて加熱する。水溶き片栗粉でとろみをつけ、ピーマンの上にかける。

苦難福門

まゆみ流 暮らしの裏ワザ

畳の黄ばみ防止はみかんの皮で！
みかんの皮5個分を鍋に入れ、鍋の2/3程度水を加えて30分煮ます。これで油汚れも落とせますが、同量の水で薄めて畳をふくと、汚れ落としと黄ばみ防止に。

チープ野菜ナンバーワン！

もやしって足が早いでしょ。残ったらぜひグラタンに使ってみて。じゃがいもでカサを増して牛乳を加えればもう絶品のグラタンです。グラタンは大人も子どもも大好きなメニューだから、もやしグラタンが食卓に登場すると大騒ぎ。もやしは炒めるしかない！と思っていたら、このグラタンに挑戦して！　もやしのレパートリーが広がりますよ。

こちらは
シャキシャキ 麻婆さん

麻婆豆腐でも麻婆なすでもない。麻婆シリーズの第3弾は麻婆もやし。もやしはもともと中華料理によく使われる素材だから麻婆にもどんぴしゃり。豆腐にもなすにも負けないもやしのたくましさはやっぱり持ち前のシャキシャキ感でしょ。肉ともよくからんで温かいご飯にぴったりです。ご飯の上にのせて麻婆丼にするのも食べやすくていいですよ。ぜひお試しを！

やったらチェック ○

もやしでグラタン

¥94

水っぽいもやしは炒めてしまえば問題なし。

材料（2人分）

- じゃがいも……………………中1個
- 玉ねぎ…………………………80g
- もやし…………………………100g
- ウインナ………………………1本
- にんにく………………………1かけ
- サラダ油……………………小さじ1
- 小麦粉………………………大さじ2
- 牛乳…………………………300cc
- A
  - 顆粒コンソメ…………小さじ1 1/2
  - 塩、こしょう…………各適量
- とろけるチーズ………………適量
- パセリ…………………………適量

作り方

1. フライパンにサラダ油を熱し、みじん切りにしたにんにくを加えて香りが立つまで炒める。そこへ薄切りにしたじゃがいもと玉ねぎを加えて炒め、玉ねぎがしんなりしてきたらもやしと適当な大きさに切ったウインナも加えて炒めて火を止める。

2. ①へ小麦粉を加えて全体にからめる。牛乳を少しずつ加えながら全体にのばしていく。

3. ②を再び火にかけ、**A**で味をととのえて、とろみがつくまで煮る。

4. 耐熱皿へ③を入れ、とろけるチーズをのせてトースターへ入れ、焼き色がつくまで焼く。仕上げにパセリのみじん切りを散らす。

ダメモトって大切♥

まゆみ流
暮らしの裏ワザ

マジック落としもみかんの皮が活躍！

床や家具にマジックをつけてしまったとき、みかんの皮で汚れた部分をゴシゴシ。これできれいさっぱり汚れが取れます。

○ やったらチェック

麻婆もやし

¥48

麻婆味で炒めたもやしは絶品!

材料(2人分)

にんにく、しょうが………各少々
ごま油……………………大さじ1
玉ねぎ……………………40g
合いびき肉………………50g
もやし……………………100g
A
- オイスターソース……大さじ1
- しょうゆ………………大さじ1
- 鶏ガラスープの素……小さじ1
- 豆板醤…………………小さじ1
- 水………………………80cc

水溶き片栗粉
- 片栗粉…………………大さじ1/2
- 水………………………大さじ1 1/2

作り方

1. フライパンにごま油を熱して、みじん切りにしたにんにくとしょうがを炒め、香りが立ってきたら、みじん切りにした玉ねぎと合いびき肉を加えて炒める。玉ねぎがしんなりしてきたら、もやしを加えて炒める。

2. ①へ**A**の調味料を加えてひと煮立ちさせ、最後に水溶き片栗粉を加えてとろみをつける。

20円…これがポイント!

まゆみ流 暮らしの裏ワザ

血液のシミは大根におまかせ!
血液のシミがついて乾いてしまうと取れにくく〜いもの。タオルを敷いてその上にシミ部分を置き、上から大根でたたくとあら不思議、みるみるきれいに取れます。

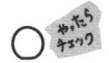

この白さがライスだよね

美白そうめんがすし飯の代わり。彩りのいい具をたくさん入れて一緒にまきまき。色がきれいなので見ただけで「おいしそ～」の大合唱！　これなら軽い巻きずしだからたくさん食べられるわよ。冷蔵庫でねかせてしっかり味をしみ込ませるのがおいしく食べるコツ。こうしておけば、たれなしでパクッといけちゃいますよ。プチパーティにも喜ばれそう。

植物性タンパク質が
10倍!

コシのある粘り成分グルテンのかたまりが麩。麩は軽いけれど、コシが強くてタンパク質の宝庫なんです。しかもグルタミン酸をたくさん含むから、脳の発育を促して頭のよい子が育つんだって。消化吸収もいいし、炭水化物が少ないからダイエット食にもぴったり。こんな優等生をメニューに使わない手はないでしょ。麩をもっともっと活用しましょう。

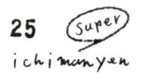

かったらチェック ○

そうめんで巻きずし

¥119

残りもののそうめんが翌日登場しても食べられる!

材料(2人分)

ゆでたそうめん	100g
生しいたけ	2枚
かまぼこ	60g
にんじん	30g
めんつゆ	大さじ2
水	大さじ2
焼きのり	2枚
卵	2個
めんつゆ	大さじ1
水	大さじ1
サラダ油	適量

作り方

1. 生しいたけとにんじん、かまぼこは薄切りにする。

2. 耐熱容器ににんじんを入れ、電子レンジ(500W)で1分加熱。ここへかまぼこ、しいたけ、めんつゆと水を加えてさらに1分加熱する。

3. 卵を溶きほぐしてめんつゆと水を加え混ぜる。フライパンにサラダ油を薄くひいて卵液を流し、薄焼き卵を焼く。

4. 巻きすに焼きのりをのせ、薄焼き卵、そうめんの順に重ねて、にんじん、しいたけ、かまぼこものせ、巻く。キッチンペーパーで包み、冷蔵庫で1時間ねかせる。

5. 食べやすい大きさに切ってでき上がり。

たんと召し上がれ♪

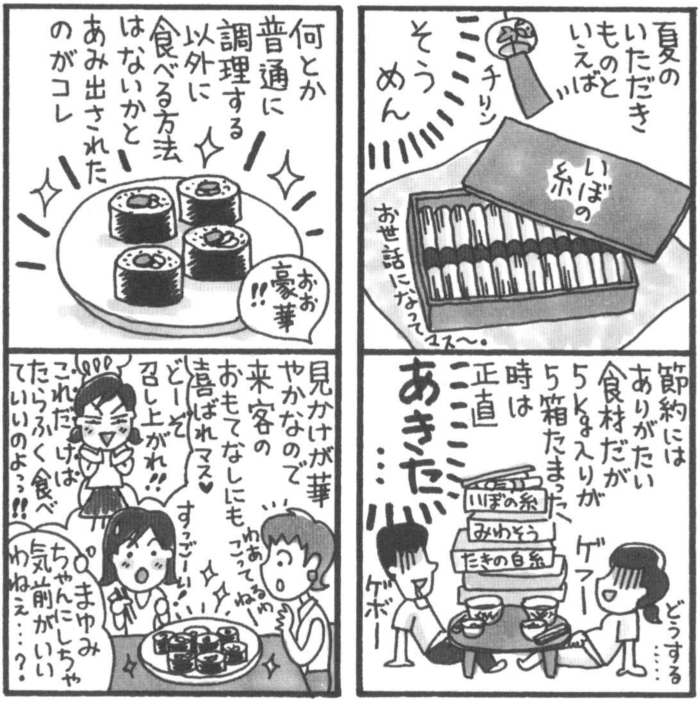

まゆみ流 暮らしの裏ワザ

卵の殻でふきんは真っ白!

卵の殻3個分ををよく洗って砕きます。鍋に水を入れて沸騰させ、砕いた殻とふきんを入れて再び沸騰。火を止めて20分くらいそのまま置いておくと白さがよみがえります。

○ やったらチェック

お麩でなんちゃって串カツ

¥112

コシのある麩は肉の食感とうりふたつ。

材料(2人分)

くるま麩……………………………2枚
だし汁
- めんつゆ…………………大さじ1
- 水…………………………………50cc

ブロッコリーの芯
……………………1個分(100g)
豚バラ肉……………………………100g
塩、こしょう…………………各適量
衣
- 小麦粉、溶き卵、パン粉
……………………………各適量

揚げ油………………………………適量

作り方

1. くるま麩はだし汁につけてもどし、水けを絞って6つに切る。
2. ブロッコリーの芯は表面の皮をむいてひと口大に切る。
3. くるま麩とブロッコリーをそれぞれ豚バラ肉でくるっと巻く。
4. ③を串に刺し、塩、こしょうをする。衣をつけて、180℃の油で揚げる。

わが家の主役は房より茎

まゆみ流 暮らしの裏ワザ

**排水口のヌルヌルは
アルミホイルでスッキリ!**

アルミホイルを5つぐらい丸めて排水口に入れておくとヌルヌルはナシ。使用済みのお弁当用のアルミカップを使ってもOKです。

このボソボソが…
なるほど…

中華料理屋さんでないと食べられないと思ったら大間違い。おうちで濃厚な担々麺スープが作れるんですよ。ここで登場するのは、あの栄養価の高いおから。合いびき肉を少なめにしておからでボリュームアップすればヘルシースープのでき上がりです。こってり辛い独特のスープがめんに絡まってつるつるっ。後を引くおいしさに家族もびっくりしちゃいますよ。

おから入りのポテトサラダは、たっぷり食べられるので、ご飯いらず。これだけでお腹いっぱいになっちゃいます。だからダイエットに挑戦している人に、まゆみイチオシのメニューですよ。野菜がたっぷり入っているので栄養面でもグッドでしょ。おからのモソモソ感がまったくないので食べやすいと家族に好評です。なによりヘルシーなのがいいですね。

やったらチェック ○

おからで担々麺

ファイバードリンクもビックリ!?

¥142

担々麺はおからがあれば家でカンタンにできるっ!

材料（2人分）

しょうが、にんにく……………各20g
サラダ油……………………………適量
合いびき肉…………………………50g
おから………………………………50g
万能ねぎ……………………大さじ4
豆板醤………………………小さじ1
水…………………………………1000cc
A
- 鶏ガラスープの素…小さじ2
- ねりごま………………大さじ3
- しょうゆ………………大さじ4
- みそ………………………大さじ2

中華めん……………………………2玉
ごま油、万能ねぎ…………各適量

作り方

1. フライパンにサラダ油を熱し、みじん切りにしたしょうがとにんにくを香りが立つまで炒める。

2. 合いびき肉を加えて炒め、おからと細かく切った万能ねぎ、豆板醤も加えて炒める。水を加えてひと煮立ちさせ、**A**の材料を加えて味をととのえる。最後にごま油をたらす。

3. 鍋にお湯を沸かし、中華めんをゆでる。器に入れ、②のスープをかけて細かく切った万能ねぎをのせる。

まゆみ流 暮らしの裏ワザ

編まないアクリルたわしで洗剤なし！
普通はアクリル毛糸を編んでたわしにするけれど、私は編み物が苦手。そこで持ちやすくくるくる巻いただけのたわしに。これで十分です。ガラス食器などは洗剤なしでピカピカ。

○ やったら チェック

おからでポテトサラダ

¥80

おからは熱湯をくぐらせて水けを絞って使うべし。

材料（2人分）

おから	80g
じゃがいも	中2個
きゅうり	1/2本
にんじん	1/2本
トマト	1/2個
玉ねぎ	1/4個
卵	1個
マヨネーズ	大さじ3
塩、こしょう	各適量

作り方

1. 鍋に水（分量外）を入れ、卵を入れて火にかける。沸騰したら皮をむいて5mm厚さに切ったじゃがいもを加えてゆでる。10分たったら卵を取り出して水に入れ、殻をむいて白身をみじん切りにする。じゃがいもは柔らかくなったら水をきってつぶす。

2. 別の鍋に水（分量外）を入れ、いちょう切りにしたにんじんをゆでて取り出す。残った湯におからを入れてサッとゆでる。ふきんをのせたざるにあけ、水けを絞る。

3. きゅうりは薄切り、トマトは種を取って粗みじん切り、玉ねぎはみじん切りにする。

4. ボウルに①、②、③とマヨネーズを入れて混ぜ、塩、こしょうで味をととのえる。

もしかして…偽装？

まゆみ流 暮らしの裏ワザ

まな板は酢で殺菌・漂白！

気になるまな板の汚れやにおい。水で酢を薄めて霧吹きに入れてかけると、スッキリきれいになります。それでも黒ずんでいたらサンドペーパーでこすって。

コラム 始めました!「まゆみキッチン」

徳島新聞のカルチャーセンターの講座で節約レシピの資料をつけて受講生の方にお渡ししたら、「こういうのを作るのが実際に見えたらわかりやすいのに……」というご意見がありました。そのとき「自分でやってみてもいいかな？」と思ったので、さっそく準備を開始。場所は以前住んでいたアパートの一室です。そして昨年4月中旬に第1回目の教室を開催。初めは生徒さんが来てくれるかな？と心配したのですが、次々に電話がかかってきて、順調な滑り出しとなりました。

皆さんのご都合に合わせて4～5名を1クラスにし、本書でご紹介したような節約レシピを「創作節約料理」と名づけて調理しています。お麩を使ったり、おからを使うのでほかの料理教室では学べない料理ばかり。生徒さんは独身の方、主婦の方、40代の方といろいろで、車で1時間もかかる場所から教室へ通ってきてくれる人もいます。実際に料理を作って試食すると……、「えっ、これでこんな料理ができるんや」「子どもがコロッケにしたらおからを食べてくれるんです」と、その場で感想を話してくださったり、メールで家族の反応を教えてくださったり、とてもうれしい言葉にいつも励まされます。またいろいろな世代の方とお目にかかり、いろいろなお話を聞けるのも楽しみのひとつ。皆さんから教えていただくこともたくさんあります。

こうして「まゆみキッチン」は多くの人たちに支えられ、励まされながら、背伸びをせず、私のできることを少しずつ皆さんにご紹介しています。

「料理を作るだけでなく友達もできる」と生徒さんは喜んでいる。ストレス発散の場にも。

現在、生徒さんは20人余り。月1回の人もいるし、毎週参加する人も。

食費1か月
1万円生活。

第2週目

¥6,625

＋

第2週目 ¥1,075

チ〜ン

Total

¥7,700

11日目	12日目	13日目	14日目
キャベツのココット トースト	おにぎり みそ汁	にんじん入り ホットケーキ コンソメスープ	タコサンド風 …⓫リメ
カサ増したっぷり ハンバーグ マッシュポテト スープ	そぼろ丼…肉そ 2/5 漬物	高野豆腐入り カレーライス…❿ にんじんピーラー サラダ	ざっくりキャベツの チーズ焼き じゃがいものそぼろ あんかけ…肉そ 3/5
お麩じゃがキッシュ …❾リメ いわし缶で ロールキャベツP38 わかめスープ	もやしくるりんフライP44 麻婆ソースがけ ふんわり卵焼き…❽リメ スライス玉ねぎ 和風ドレッシング	春巻きの皮でラザニア …⓫P47 にんじんポタージュ きのこマリネサラダ	カレーうどん …❿リメ 玉ねぎとにんじんの なます
夜 ❾リメ おからでカサ増し	**夜** フライ用溶き卵余り →ふんわり卵焼きに 利用 和風ドレッシング →しょうゆ・酢・油 で調整	**昼** にんじんを ピーラーで薄く切る。 ごまベース味に **夜** 春巻きの皮は、 用途別小分け冷凍	**朝** ⓫リメ→ ラザニアの残りをパン ではさむ **夜** 手打ちうどん2回分・ 冷凍保存→❿リメ 鍋についたカレー きれいに取って冷凍
卵1P（10個）￥100 いちごジャム￥88		**今週の合計**	**￥1,075**

1P＝1パック　リメ＝リメイク　肉そ＝肉そぼろ

第2週目

月日		8日目	9日目	10日目
献立	朝	出がらし茶葉と ひじきの佃煮 ご飯 みそ汁	トースト 目玉焼き＆ 野菜グラッセ いちごオーレP42	餅ピザ コンソメスープ
	昼	きのこたっぷり クリームパスタ キャベツのマリネ	ツナ缶でツナ玉丼P43 茶葉と半端野菜の きんぴら	もやしと 豆腐レンジ蒸し キャベツの スープパスタ
	夜	豆腐でドライカレーP48 キャベツの卵スープ	豆腐エビチリ団子P39 春雨でフカヒレ餃子 P46 中華スープ	お麩でなんちゃって 肉じゃが…❾P45 おからたっぷり卵焼き みそ汁
下準備		**朝** 出がらし茶葉利用 **昼** きのこは冷凍保存	**朝** 食パン作り３日分 （２週目用） **昼** 出がらし茶葉利用 **夜** コーン缶汁を使い切る	**夜** 麸につけた溶き 卵の余り →卵焼きに利用
今週のお買い物		木綿豆腐1丁￥30 糸こんにゃく1袋￥30 牛乳1ℓ￥98 もやし1袋￥10 春巻きの皮￥135 コーン缶大￥78	キャベツ1玉￥78 鶏ひき肉250g入り￥50 なす1kg￥198 まいたけ2P￥60 切り餅1P（6個）￥100 粉末ソース2袋￥20	

ひき肉…じゃないんだな…

なんとなんと用意する材料はたったの2つぽっきり。味つけはいわし缶の汁だけ。缶詰を丸ごと使うムダなしレシピです。しかも骨まで丸ごとぜ〜んぶいただけます。ゆでるのも煮るのも電子レンジでチャチャッ。調理時間はたったの6分！　忙しいとき、メニューに困ったとき、ピンチのとき、どんなときでも活躍。しかも人気のロールキャベツとくれば文句ナシ！

エビはエビでもちっこいの

鶏ひき肉のこりこり感ともやしのシャキシャキ感、この2つをつなぐのが豆腐です。そこへ桜エビのエビ風味が加わって本物さながらのエビ団子が完成。「エーッ、これエビじゃないの？」と夫もびっくり。高いエビがなくてもエビチリがいつでも作れるので主婦にはうれしいレシピ。ちょっぴりサプライズで、家族の驚く顔を楽しんじゃいましょ。

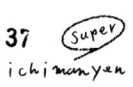

やったらチェック ○

いわし缶でロールキャベツ

¥93

まゆみ、賞味期限を守る

缶詰なら電子レンジでサササのサッ!

材料(2人分)

キャベツ……………………………2枚

いわしの味つけ缶(しょうゆ味)

……………………………………1缶

作り方

1. キャベツは1枚ずつ皿に入れて電子レンジ(500W)で30秒ずつ加熱する。

2. いわし缶から中身を取り出して①のキャベツで巻き、耐熱皿にのせて、残った缶汁をかけて電子レンジで5分加熱する。

非常食用の缶詰(もちろん特売)の期限がせまっていた…
いわし
非常用
ありゃー これはええかげんに食べんとあかんわ!!
おまけに暑くてコンロの近くに立ちたくもない
うーむ
ブーン ブーン
このまま出したらただの缶ヅメだしなあ…
いわし
あたりまえだ！
とりあえずそのへんのキャベツで巻いてチンしてみた
コトコト コトコト
ダンナ想像図
いわしが骨までぽろぽろに仕上がってるなあ…時間がかかっただろう?
ごくろうさんまゆみ…
ナヌ!?
ええ…まあ…
手抜きではない、これもアイデア…
だましたのではない、これも愛情……
ホホホ
チョット2時間くらい…

まゆみ流 暮らしの裏ワザ

ラップの芯+輪ゴムで毛くずを一掃!

ラップの芯に10～20個の輪ゴムを巻きつけてカーペットをコロコロ。カーペットに入り込んだ毛くずをきれいに取り除いてくれます。

○ やったらチェック

豆腐でエビチリ団子

¥70

ふわふわした食感はエビのすり身そっくり!

材料（2人分）

木綿豆腐……………………1/4丁
もやし……………………50g
しょうが……………………少々
玉ねぎ……………………20g
鶏ひき肉……………………40g
片栗粉……………………小さじ3
桜エビ……………………大さじ2
ピーマン……………………1個
揚げ油……………………適量

A
- 酒、しょうゆ…………各適量
- 塩、こしょう…………各適量
- みそ……………………小さじ1

B
- トマトケチャップ….大さじ2
- 豆板醤……………小さじ1/2
- 酒…………………大さじ1
- 酢…………………大さじ1/2
- 砂糖………………小さじ1/2
- 片栗粉……………大さじ1/2
- 塩、こしょう…………各少々
- 水…………………………90cc

作り方

1. 豆腐はしっかり水をきり、もやしは熱湯をくぐらせてから水けをよく絞って粗みじん切りにする。
2. しょうがと玉ねぎはみじん切りにする。
3. ボウルに①を入れ、鶏ひき肉、片栗粉、桜エビを加えて混ぜる。そこへ**A**を加えて味をととのえる。
4. ③をスプーンですくい、180℃の油で揚げる。
5. ピーマンは種を取ってくし形切りにし、電子レンジ（500W）で1分加熱する。
6. フライパンに**B**を入れてよく混ぜ加熱する。そこへ②、④、⑤を加えてからめる。

I♥LOVE エビちゃん

私はエビが大好き♥
あ
ん
幸せ♥
もちろん尻尾まで食べちゃう程大好物!!
特にお酒を飲むときは無性にエビチリが食べたくなるの……
ああ!!
わなわな
エビ様…
食べたい…
エビチリ エビチリ エビチリ…
お高いエビを家計にひびかせず、お腹いっぱい食べてみたい…
桜エビ
そんな私の食欲がたどりついたのがコレ
余った「豆腐シューマイ」のタネに桜エビを入れてみたところ…
おいおい
にーちゃん
こんなうまいエビの味がわからねーだぁ！
不運だねぇ
ガハハ
スミマセーン
↑エビ苦手な人
はまった。

まゆみ流 暮らしの裏ワザ

鏡のくもり止めは
歯磨き粉がグッド!
洗面所やお風呂の鏡ってすぐにくもってしまうもの。歯磨き粉を鏡に塗ってタオルでからぶきすると、汚れも取れますし、くもりもナシ。

いちご味の牛乳が嫌いな人っていないでしょ。ピンクの色がかわいいし、見るからにおいしそう。そこで、いちごがなくてもすぐにいちごオーレができる方法がこれ。ジャムにはいちごと砂糖がたっぷり入ってるから、牛乳に混ぜれば甘〜いいちごオーレがあっという間。子どもだってカンタンに作れるからママから伝授してあげてね。きっとやみつきになるはずですから。

カニじゃないけど、
イケる！

月末のピンチのときにおすすめのメニューです。常備しているツナ缶と卵があればサササッとできちゃいます。おいしく仕上げるコツは卵を半熟にすること。とろんとした卵とご飯にしみた煮汁が食欲をそそります。それに、手でちぎったレタスがさっぱり味で歯ごたえ満点。味つけにしょうゆじゃなくてめんつゆを使っているのもおいしさの秘密なのよ。

やったらチェック ○

なんちゃっていちごオーレ

まゆみ♥スイート気分

¥50

牛乳とジャムがあればなーんにもいらない！

材料（2人分）

牛乳……………………………400cc
いちごジャム……………大さじ2

作り方

1. カップにいちごジャムを入れ、牛乳を注ぎながら混ぜるだけ。

とっても甘党の私
甘い牛乳が飲みたいナ
MILK
砂糖じゃつまんないし
あったあった
コレコレ
ジャム
ジャムを入れてイチゴオーレ
ドキドキ
MILK
ウ〜ンスィ〜ト♥
うま〜
ケロリン
MILK
昔銭湯で飲んだイチゴ牛乳を思い出すなあ…
ホ
ちなみにこれにゼラチンを入れて冷やし固めればイチゴミルクゼリーになります
市販の「ぜりーのもと」にも負けない味ですョ。おためしアーレ♥

まゆみ流 暮らしの裏ワザ

コーヒーカスは脱臭剤でまだまだ使える！

コーヒーをいれたあと、フィルターごと外で乾かします。完全に乾いたら上部を折り曲げてホチキスでとめれば完成。お部屋の隅や靴箱に入れておくと脱臭剤として活躍します。

○ やったらチェック

ツナ缶でツナ玉丼

¥90
（ご飯抜き）

ほわほわっの卵丼にはツナ缶がぴったんこ！

材料（2人分）

ご飯……………………茶碗2杯分
卵……………………………2個
めんつゆ…………………大さじ2
ツナ缶………………………1缶
玉ねぎ………………………1個
レタス………………………2枚

作り方

1. 卵は割りほぐしてめんつゆを混ぜる。

2. ツナ缶の油分だけをフライパンに入れ、みじん切りにした玉ねぎを炒める。しんなりしたら缶に残ったツナを入れ、①の卵も加えて半熟になるまで炒める。そこへ手で食べやすい大きさにちぎったレタスを入れ、手早く炒める。

3. 器にご飯を盛り、②をのせてでき上がり。

余りものには…福？

まゆみ流 暮らしの裏ワザ

靴磨きはバナナの皮！
ストッキングの中にバナナの皮を入れて靴を磨くとピカピカになります。ソファなどの革製品にも使えますよ。

やったらチェック ○

豚肉のうま味がジュワ〜ッとしみ込んだもやしは美味。

具はもやしだけ。でも、シャキシャキの歯ごたえもあって、肉汁がジュワ〜ッと口の中に広がってとってもおいしい。もやしがちょこっと残ったときは迷わずこのメニューにするの。ビールのつまみや、もう1品おかずが欲しいときにとってもお役立ち。とんかつソースやマヨネーズなどをつけると濃厚な味に。もやしと一緒にとろけるチーズを入れてもグッドよ。

もやしのくるりんフライ

¥85

材料（2人分）

もやし……100g
塩、こしょう……各適量
豚バラ肉……100g
カレー粉……小さじ1
揚げ油……適量
衣
［小麦粉、溶き卵、パン粉 各適量

作り方

1. もやしは水洗いして塩、こしょう、カレー粉をふる。
2. 豚バラ肉を広げて①をのせて巻き、衣をつけて180℃の油でカラッと揚げる。

とりあえず…巻く？

献立に迷ったとき とりあえず巻いて、焼くかフライにするのがまゆみのおきまり♥
名古屋巻き？
まき
まき
いーえ、マリー巻き♥
気分によっては揚げたり照り焼きにしたり。
スタート 献立に迷う
Yes
とりあえず巻く
NO
Yes
NO
もやしを使う
Yes
フライにする
NO
どーんと
うーん…
YES・NOチャートのようなまゆみの献立作りでした♥
おまけにもやしならそのまま使えて包丁いらず♥
ポイ
意外とズボラ？
出ました格安もやし！
ラクチン♥
もやし
まく

○ やったらチェック

お麸でなんちゃって肉じゃが

¥102

肉じゃがの主役に抜擢したのはやっぱり麸。

肉じゃがといえば、ホクホクのじゃがいもとお肉と玉ねぎのトリプルプレイがおいしさの決め手ですが、肉がなくてもおいしい肉じゃがができるんです。そう、粘りがあってコシのあるグルテンたっぷりの麸。肉のジューシー感はフレンチトーストにヒントを得て、卵をくぐらせて油で焼いたの。このひと手間でコクもうま味もグーンとアップ。「ウソー！」と驚きの声が！

材料（2人分）

- じゃがいも……2個
- にんじん……1/2本
- 玉ねぎ……1/2個
- 糸こんにゃく……1/2袋
- 刻み干ししいたけ……5g
- くるま麸……2枚
- 水……300cc
- ごま油……小さじ2
- しょうゆ……大さじ3
- みりん……大さじ3
- サラダ油……少々
- A［溶き卵……1/2個分
- 　 牛乳……大さじ1 1/2
- 揚げ油……適量

作り方

1. じゃがいもとにんじんはひと口大に切り、玉ねぎは薄切り、糸こんにゃくは食べやすい長さに切る。
2. じゃがいもとにんじん、玉ねぎを耐熱皿に入れ、電子レンジ（500W）で5分加熱する。
3. 干ししいたけとくるま麸を水でもどす。くるま麸は水けを絞って6等分に切る。
4. 鍋にごま油を熱し、②と③の干ししいたけ、糸こんにゃくを炒める。③のもどし汁を入れて、しょうゆとみりんで味つけして煮る。
5. フライパンに少量のサラダ油を熱し、Aに浸したくるま麸を入れて両面焼く。焼けたら再びAにくぐらせてもう一度焼く。
6. ④に⑤を加え混ぜてでき上がり。

くるま麸 de フレンチ？

使い方がよくわからない「くるま麸」は、すき焼きで食べたことがあるくらい（過去の記憶……）
グツグツ
じゅわっと口に広がる食感が肉のジューシーさに似ているかな…と思っていた
おいちい
はふはふ
幼い頃のまゆみちゃん
このふんわりさを何かで包み込みたいと思ったのよ！
包む…とき卵で
そう！フレンチトーストの発想なのよ！
ジュー
だから～発想はフレンチなんだってば
ふーん で、土鍋なんだー
ほほう
それは光熱費の節約のためでー 発想はフ・レ・ン・チ♥
トレビア～ンねって♥
土鍋でフ・レ・ン・チね？
どん

やったらチェック ○

きくらげと春雨があればフカヒレ料理は毎日でも。

フカヒレが食卓に登場するなんて夢の夢。1か月1万円しかないのに、フカヒレなんてメニューを入れるのはもってのほか。ところがわが家では月に1度はフカヒレの味を楽しめるんですよ。な、なんと春雨でフカヒレの食感に。確かにコリッとした感じと柔らかいスジのような感じ。わかりますよね〜。ちょっと高めだけどマロニーにするともっと効果大よ。

春雨でフカヒレ餃子

¥119

材料（20個分）

春雨……………………………60g
きくらげ………………………10g
餃子の皮………………………20枚
ごま油…………………………適量

A
- オイスターソース……大さじ2
- 水……………………………200cc
- 鶏ガラスープの素……小さじ2
- しょうゆ……………………小さじ2

水溶き片栗粉
- 片栗粉…………………小さじ2
- 水………………………小さじ4

作り方

1. 鍋にお湯を沸かして春雨ときくらげを入れてもどし、ざるにあげる。2㎝長さにキッチンばさみでカットする。

2. 別の鍋に**A**を入れて煮立て、①の春雨ときくらげを入れる。水溶き片栗粉でとろみをつけてさまし、餃子の皮で包む。

3. フライパンにごま油を熱し、②を入れて焼く。焦げ目がついたら水（分量外）を加えてふたをし、焼き上げる。

マロニーdeチャイニーズ？

さあいよいよフカヒレスープの登場です
チャンチャーン
三つ星シェフ対決は、どうなるのか？
TV
中華の珍味!!流れる宝石のフカヒレが、今盛られました!!
とろ〜り
フカヒレが光ってますね〜!!
オオッ
ホーラ!!やってみたらできちゃった!!フカヒレ（もどき）ギョーザよ〜
アッ!!ホントだ！フカヒレと同じだね〜おいしいよ〜
パクパク
実はフカヒレを食べたことのない2人だった…
……
なんか……
フカヒレってマロニーをオイスターソースで煮こみましたって感じしない？
ギくっ
エッ
おいし〜〜!!
わいのわいの
ほっぺたが落ちるぅ〜♥

○ やったらチェック

平たいパスタがなかったら春巻きの皮におまかせ!

ラザニアだって変化球で決めるわよ。まず目をつけたのは春巻きの皮。これってぺったんこだからラザニアにぴったり。さらに焼きそばについている粉末ソースとトマトケチャップを合わせると、あら、不思議、ミートソースの味に早変わり。具は野菜と一緒におからでカサ増しして最強のコンビにしたら、もう絶品！　本格的なラザニアがササッとできちゃいます。

春巻きの皮でラザニア

¥134（ご飯抜き）

材料（2人分）

- 春巻きの皮……1枚
- なす……2本
- オリーブオイル……大さじ2
- にんにく……1かけ
- 玉ねぎ……1/2個
- まいたけ……50g
- おから……50g
- とろけるチーズ……適量
- A
  - トマトケチャップ……大さじ4
  - 焼きそばの粉末ソース……1袋
  - 水……80cc
  - 片栗粉……小さじ1
- B
  - 牛乳……120cc
  - 小麦粉……大さじ2
  - 塩、こしょう、顆粒コンソメ……各少々
  - マーガリン……大さじ1

作り方

1. フライパンにオリーブオイルを熱し、食べやすい大きさに切ったなすを両面焼いて皿に取り出す。そこへ薄く切ったにんにくを入れ、香りが立ったら薄く切った玉ねぎと小房に分けたまいたけ、おからを加えて炒め、**A**も加えて味をととのえる。

2. **B**を耐熱ボウルに入れてラップをかけ、電子レンジ（500W）で2分加熱。フォークなどで混ぜてから再び2分加熱する。

3. 耐熱皿になす、①、②、春巻きの皮を重ねてのせ、最後にとろけるチーズをのせる。トースターでチーズに焼き色がつくまで焼く。

まゆみの発展

やったらチェック ○

豆腐でドライカレー

¥49

一流ドライカレーは豆腐で決める!

そぼろ状にくずして味つけしたら、どこから見てもひき肉なんだけど、やっぱり豆腐は豆腐。そこで、ひじきを加えてみたの。そうしたら歯ごたえが出てきて、豆腐が肉？って錯覚してしまうじゃない。栄養満点だし、カレー味はみんな好きだし、ご飯に添えたらもうたまらない。甘口好みならウスターソースをお好みソースに代えて辛さを調節してね。

材料（2人分）

豆腐……………………………1/3丁
乾燥ひじき……………ひとつまみ
玉ねぎ……………………………40g
にんにく、しょうが………各少々
コーン（缶詰）………………大さじ2
万能ねぎ……………………大さじ1
サラダ油…………………………適量

A
- トマトケチャップ……小さじ1
- ウスターソース………小さじ1
- しょうゆ………………小さじ2
- カレー粉………………小さじ2

作り方

1. 豆腐は水をきり、ひじきは水でもどしておく。

2. フライパンにサラダ油を熱し、みじん切りにしたにんにくとしょうがを炒め、同じくみじん切りにした玉ねぎを加えて炒める。

3. 玉ねぎが透き通ってきたら豆腐をくずし入れ、水けをとばしながら炒める。最後にひじきを加え、合わせた**A**を加えてさらに炒める。コーンと万能ねぎを散らしてでき上がり。

まゆみ流錬豆術

いつもは余った豆腐で油あげやがんもを作っていた…
ジュー
でも今日は
そんな気分じゃないの…
ゴロ
ゴロ
わん わん
そういえばいつもおからでドライカレーを作ってたけどちょっとあきてきちゃったから…目新しいもので…
うだ
うだ
わん
豆腐でドライカレーを作ってみたら…
おいしい!
ウケた。
本物のドライカレーは高カロリーだけど、これは低カロリー➡メタボなご主人にもおススメです。
少しの豆腐でたくさんできるのが何ともうれしい…
ケケケ
ぐーる
ぐーる

食費1か月
1万円生活。

第3週目

¥6,625

＋

¥1,075

＋

第3週目 ¥1,294

チ〜ン

Total

¥8,994

18日目	19日目	20日目	21日目
炊き込みおにぎり …⓭リメ みそ汁	トースト レタスとウインナ スープ	おからであんまんP72	グラタンピザ風 トースト…⓮リメ
じゃが豚バラソース 炒め わかめのナムル風	力うどん おやつ おからポッキーP70	なすカレーチーズ 焼き…➓リメ まいたけサラダ	野菜・春雨入り 棒餃子…⓫皮冷凍 なすのマリネ みそ汁
鶏肉ソテーピクルス ソース…⓬リメ 温野菜サラダ	こんにゃくでから揚げ 野菜あんかけ風 もやしで チンジャオロースP63 わかめスープ	ツナ缶で カルボナーラ…⓮P58 お麩サラダP68	土鍋でパエリアP67 半端野菜のスープ
		昼 カレーは２週目 冷凍を利用	**昼** 春巻きの皮は２週目 冷凍を利用
卵1Ｐ（10個）￥100 焼き鳥缶￥68 レタス1玉￥58 牛乳500㎖￥68		**今週の合計**	**￥1,294**

1Ｐ＝１パック　リメ＝リメイク　肉そ＝肉そぼろ

献立&お買い物表 第3週目

月日		15日目	16日目	17日目
献立	朝	ご飯 みそ汁 納豆	半端野菜ピクルス …⓬ トースト スープ	にゅうめん ご飯
	昼	トマトとなすそぼろ 炒め…肉そ 4/5 漬物　みそ汁 おやつ みたらし団子P71	もやしカレー和え なす肉巻きソテー みそ汁	なんちゃって チキンカツ コーンスープ 大判焼きP69
	夜	もやしシャキシャキ メンチカツP62 いわし缶つみれ汁P66 ひじき玉ねぎ炒め物	豆腐でカキフライP54 そうめんで煮こごりP65 みそ汁	豆腐でつくねP55 焼き鳥缶で炊き込み ご飯…⓭P59 キャベツ塩もみ
下準備			**朝** 食パン作り 3日分（3週目用） 半端野菜など ピクルスに **夜** かにかま& 三つ葉余り冷凍	**朝** 前日に にゅうめんの 分もゆでる
今週のお買い物		もやし1袋￥10 焼き麩1袋（50個入り）￥78 長ねぎ2本￥50 木綿豆腐2丁￥60 かにかま2本￥20 三つ葉1束￥48	こんにゃく1枚￥30 トマト1P（8個）￥128 あんこ1袋￥98 あさり1P￥98 冷凍ロールいか￥100 鶏胸肉4枚￥280	

本物にも、負けない

「豆腐でほんまにカキフライができるん？」とよくいわれますが、ほおばると「ほんまじゃぁ〜」と驚いてもらえます。それっぽく見せるために工夫を重ねたのが、中に入れたのりの佃煮のはみ出し加減。出過ぎず、ちょろっとがベスト。これがカキのあの感じ。豆腐とのりの佃煮という想像もつかない組み合わせが、オールシーズンいただけるカキの味を実現です。

甘辛だれに磯の香り…
う〜ん！

豆腐と鶏ひき肉のコンビはやっぱり相性がいい。オイスターソースを効かせたつくねはコクとうま味がアップして格別。さらに焼きのりで巻くので、海の風味が香っておいしさをそそります。つくねだけを作って焼き網であぶるのもおいしいけれど、のり巻きスタイルに仕上げたつくねは味も見た目もワンランク上。余った蒲焼きや焼き鳥のたれを使うとなおよいお味です。

やったらチェック ○

豆腐でカキフライ

¥50

のりの佃煮が見えるように丸めるとカキだっ!

材料(2人分)

木綿豆腐……………………………1丁
のりの佃煮………………………適量
揚げ油……………………………適量
衣
小麦粉、溶き卵、パン粉
……………………………………各適量

作り方

1. 豆腐はしっかり水きりし、手で細かくほぐす。中にのりの佃煮を入れて、食べやすい大きさに丸める。

2. ①に衣をつけて、170℃の油で揚げる。

まゆみ親孝行する

父はカキが大好き
ワッハッハッ
カキならなんぼでも食えるゾー!
カキ命
カキフライ
生カキ
でもカキは高い…ゆえにいつでも食べられる安価なカキフライもどきを考案
うふっ
なんて親孝行な私…
こねこね
水切りしたとうふにのりの佃煮を入れて揚げます
だが敵も手強く、ダメ出しも多数…
カキにしてはつぶが大きすぎ!!
もっと黒い部分が見えなきゃイカン!!
ポイ
ポイ
カキ命
なんちゃって料理も一夜にしてならず…
「よっしゃ〜!」のOKが出た今は、本物と見分けがつかない程?・やったー
本物のカキフライを1割混ぜる
あっ本当のカキだー
あっズルイ!ムコの分ざいで
あっまたうそっこのカキだー
こんなアイデアで家族団らんも盛り上がりそう!?

まゆみ流 暮らしの裏ワザ

やかんや鍋は大きめを使うべし!

やかんや鍋は大きめのほうが炎が鍋底全体に当たって熱効率がいい。だから炎の当たり加減を見て大きめを利用。これでガス代の節約に。

やったらチェック

豆腐でのり巻きつくね

¥70

焼きのりで巻いてみて。つくねの風味がアップ！

材料（2人分）

木綿豆腐……………………………1丁
鶏ひき肉…………………………100g
オイスターソース…………大さじ4
片栗粉…………………………小さじ1
焼きのり …………………………2枚
A［しょうゆ……………大さじ4
　 みりん、砂糖……各大さじ2

作り方

1. しっかり水きりをした木綿豆腐をボウルに入れてくずし、鶏ひき肉とオイスターソース、片栗粉を加えて混ぜる。
2. 巻きすに焼きのりをのせ、①をのばしてくるっと巻く。これをキッチンペーパーで包んで冷蔵庫で1時間ねかせ、食べやすい大きさに切ってフライパンで焼く。
3. あいたフライパンにAの材料を合わせて煮る。これを②のつくねにかけてでき上がり。

家族紹介

まゆみ流 暮らしの裏ワザ

土鍋料理でガス代減！
保温力抜群の土鍋は、鍋料理だけでなく、ドリアや肉じゃが、ロールキャベツなどにも。余熱で料理ができるのでガス代の節約になります。

パスタ好きの夫のために考えたメニューのひとつです。夜遅く帰ったときもササッと作れるのでとっても重宝。材料もパスタとツナ缶と卵だけあればいいので、いつだってスタンバイできているってわけです。本来は生クリームを入れるけれど、牛乳とマヨネーズでも濃厚さに代わりなし。わざわざ生クリームを買わなくてもこれでコクのあるクリーミーさはばっちりです。

缶詰、汁まで全部
使っちゃいますよ

「炊き込みご飯の素」はいろいろなモノが出回っているけれど、ちょっと高めなのが玉にきず。で、見つけちゃいました。とっておきの節約炊き込みご飯の素を。それは濃厚な味がついた焼き鳥缶。汁まで丸ごと入れてご飯を炊けば、少ない調味料でおいしい炊き込みご飯が一発でできちゃいます。メニューに困ったときのために焼き鳥缶は常備しておきましょ。

やったらチェック ○

ツナ缶でカルボナーラ

¥132

ツナスパは究極の節約レシピだっ！

材料（2人分）

- スパゲティ……170g
- 塩……適量
- ツナ缶……1缶
- 卵……2個
- にんにく……10g
- A
  - めんつゆ……大さじ2
  - 牛乳……大さじ2
  - マヨネーズ……大さじ1
  - パルメザンチーズ……大さじ2
- 粗びきこしょう……少々

作り方

1. フライパンにお湯を沸かし、塩を加えてスパゲティを1分ゆでる。火を止めて表記されているゆで時間までそのままおく。ざるにあげ、ツナ缶の油半分をかけてからめておく。

2. ボウルに卵を割りほぐし、Aを入れてよく混ぜる。

3. フライパンにツナと残りの油を熱し、薄く切ったにんにくを入れて香りが立つまで炒め、①を加えてサッと炒める。火を止め、②を加えてざっくり混ぜたら皿に盛り、粗びきこしょうをふる。

知らずに節約？

「カルボナーラ」が大好きな私
「エビチリ」同様に無性に食べたくなるの
ああっカルボナーラ食べたいっ
わな
ゆな
お酒を飲む時はそう
カルボナーラが苦手な主人も
あ！イケルじゃん!! 普通のカルボより好きだな
チュルル
エ、エ なんで？
だって…本物は後で胸やけっていうか、胃がもたれるだろ？
でも…カルボの基本、ベーコンも生クリームも食費がかさむし…。で、ひらめいた。
ベーコンの脂っこさの代わりにツナ！
生クリームの代わりは牛乳&マヨネーズよっ！
にゅうう
↑すごいな…
牛乳
ツナ
そーなんだ…
知らないうちにアナタの胃薬代まで節約するなんて、アタシって何てすてきな奥さんなの…♥
タリラリラ～ン♪
そーくるんだ？

まゆみ流 暮らしの裏ワザ

つけ合わせの野菜はグリルで同時調理！

メインの肉や魚と一緒につけ合わせの野菜を焼くと効率よく調理ができます。しかもグリルで焼いた野菜は甘みが増して美味！

やったらチェック

焼き鳥缶で炊き込みご飯

¥94
（ご飯抜き）

安い焼き鳥缶の底力をうまい炊き込みご飯が証明。

材料（2人分）

米……………………1 1/2カップ
焼き鳥缶……………………1缶
こんにゃく…………………1/3枚
にんじん……………………30g
A ┌ 水………………………220cc
　│ しょうゆ…………大さじ1
　└ みりん……………大さじ1

作り方

1. にんじんとこんにゃくを細切りにする。

2. 炊飯器に洗ってざるにあげておいた米、①、焼き鳥缶を入れ、Aの調味料を加えてかき混ぜてスイッチを入れる。

非常食用の鶏の缶詰……初めはご飯に混ぜこんでいたが……
他の材料を鍋で別に煮るのは面倒…
全部炊飯器に入れちゃえ!!
おいしい
おいしい
家族はいまだに缶詰と思っていない…
くす

まゆみ流
暮らしの裏ワザ

鍋料理で暖房効果をねらえ！
鍋料理はあったためながらいただくので、室内の温度は上がる一方。夕食の間は暖房を消しておいても体がぽっかぽかです。残りもの一掃料理もできるのでいいことずくめ。

シャキシャキ歯ごたえが
たまりません

一見、ひ弱そうに見えるもやしも歯ごたえだけはたくましい。そんなもやしの特徴を生かしてメンチカツにプラスしました。ちょこっと残ったもやしがあればぜひ、メンチに加えて使い切って。コツはゆでたあとしっかり水けをきること。そうしないと水っぽくなるよ。「もやしってこんなにおいしいんやな〜！」と家族に好評で、お弁当のおかずにもオススメです。

肉のカサ増し役にもやしとは！　なんとなく頼りない気がしますが、ご安心を。肉と相性のいい焼き肉のたれを加えるとアーラ、不思議。なぜか肉がたっぷり入っている気がするんです。焼き肉をした翌日、残った材料を利用して、ぜひこのメニューをお試しあれ。カロリーダウンで安上がり、しかもササッと作れるのがグッド。もやしのさらなる底力に脱帽ですよ。

やったらチェック ○

もやしでシャキシャキ和風メンチカツ

¥99

もやしカツは隠し味にみそを入れるべし!

材料(2人分)

玉ねぎ	130g
もやし	100g
サラダ油	大さじ1
合いびき肉	100g
みそ	小さじ1
焼き麩	15個
溶き卵	1/2個分
塩、こしょう	各適量
揚げ油	適量
衣	
小麦粉、溶き卵、パン粉	各適量

作り方

1. フライパンにサラダ油を熱し、みじん切りにした玉ねぎと小さく切って水けをしっかりきったもやしを入れ、強火で3分炒める。

2. 合いびき肉に①と卵、塩、こしょう、手でくだいた焼き麩、みそを加えてよく混ぜ合わせ、小判形にまとめる。衣をつけて、170℃の油で揚げる。

思い出はしょっぱく…

学生の頃は家事が苦手でゆで卵を作るのがやっとだった私…
まゆみおヨメに行けんよ〜
生焼け〜
しょっぱ〜
新婚の頃は、よくとんでもない料理を作って主人に迷惑をかけてました…
こんなモノ食えるかー
のだめちゃん?
ひぃぃぃ…
こんなダメダメ主婦だった私が主人の愛のムチ♥のおかげで成長ー
節約アイデア料理がウケて本まで出す様になりました
もやしでシャキシャキメンチカツ♥
食費1万円生活
あっと驚く昔からの友人
あの…まゆみが?
…
…
今友人たちの間では家事が熱い…
あのまゆみができるんだったら私にもできる!!
ドドド
トホー

まゆみ流 暮らしの裏ワザ

寒い冬は外も大冷蔵庫!

気温が下がると屋外も立派な冷蔵庫。食品の保存はできませんが、缶ジュースやビールは外冷蔵庫で十分。冷蔵庫の詰め過ぎ防止にもなって一石二鳥。

○ やったらチェック

もやしでチンジャオロース

¥65

もやしたっぷり、肉少し。でも文句はいわせない!

材料(2人分)

ピーマン……………………………2個
もやし………………………………100g
京ねぎ………………………………20g
合いびき肉…………………………50g
ごま油……………………………小さじ2
A
- 焼き肉のたれ…………大さじ3
- オイスターソース ……大さじ2
- 酒…………………………大さじ1

作り方

1. ピーマンは種を取ってせん切りにし、ねぎは斜め切り、もやしはひげ根を取る。
2. ボウルにAを合わせ、合いびき肉と①を加えてよく混ぜ、味をなじませる。
3. フライパンにごま油を熱し、②を炒める。

空腹は最高のスパイスよっ♥

ただいま〜 今日のご飯何?
ゲッ
また もやし!? さすがに あきるよ〜
もやし
お腹のすきが足りない証拠ね! わんこの散歩にご近所5周!!
ヒー
あきた…ですって!?
首しめちゃった…
自分の
わん
わん!
わんわん
さてと私はその間に
もやしたっぷりチンジャオロースにとりかかりましょ♥
もやし
タレ
片くり
わん
わん
わんわん
まるでトナカイにひかれたサンタクロース
ヒー
おかえりなさい♥ あなた
チンジャオロース(風)よ
おいしそうでしょ
はぜ
ほんとだね…こんなにもやしがうまそうに見えたことは今までないよ……
キュるキュる…
こんなに肉の少ないチンジャオロースも…

まゆみ流 暮らしの裏ワザ

キッチンマットの下に新聞紙!?
保温力のある新聞や段ボールをキッチンマットの下に敷いておくと、足元に冷気が直接届きません。暖房費の節約にもなるのでぜひお試しを。

ゴージャスなオードブルです

ゼラチン質の多い魚の煮汁が冷えて固まったものが煮こごり。中の具が見えてとってもおいしそうですよね。それをヒントにまゆみ流煮こごりを作っちゃいました。ポイントはゆでたそうめんを入れること。透き通ったゼリーの中に見えるラインがとってもビューティフル！　ゼラチンの代わりにアガーを使うと常温でも固まるのでもっとスピーディーにできますよ。

○ やったらチェック

「料亭に行ったみたい!」といわせる一品。

そうめんで煮こごり風

¥34

材料(2人分)

コーン(缶詰)	大さじ2/3
かにかま	10g
ゆでたそうめん	40g
三つ葉	適量
粉ゼラチン	5g
めんつゆ	大さじ2
水	100cc

作り方

1. 鍋にめんつゆと水、コーン、かにかまを入れて中火にかける。沸騰してきたらゼラチンを加えて溶かす。
2. カップを水でぬらし、ゆでたそうめんと三つ葉を入れて、①を流し入れる。冷蔵庫で1時間冷やし固め、カップからはずして皿に出す。

まゆみ、美容の秘けつ

ゲフ
そうめんを食べたあと具と麺が微妙に残った…
ごっつぁんです
錦糸たまご
しいたけの煮たの
これを「もったいない」って食べると太るのよネ…
どーしよう…?
とりあえず冷蔵庫へ…
えー…
捨てたら?
翌日いろいろ考えたが思いつかない…
得意ワザの「巻く」もやったしなァ…
あーでもないこーでもない…
ブツブツ
まだ…悩んでたんだ!?
捨てろよ!?
んじゃ…ゼラチンで固めてみるか…
ツルンとした食感が新鮮でおいしい一品に♥
ムム!これは煮こごりや!
プルン♪
コラーゲンもとれてお肌にもよさそう~~~!!
おみそれしました~ ハハ~
君の美しさの秘けつを見たよ…
煮こごり…魚の煮汁に含まれるコラーゲンが冷えて固まった料理

まゆみ流 暮らしの裏ワザ

唐辛子保温で足先からぽっかぽか!
刻んだ唐辛子をガーゼに包んで靴下のつま先部分に入れます。これで足先から暖まって体中がぽかぽかに。肌に触れないようにガーゼに包むのがポイント。

やったらチェック ○

いわし缶でつみれ汁

¥107

魚をさばく手間はナシ。がうれしい！

コリッとした食感がたまらないいわしのつみれ。でも、魚をさばいて身をすりつぶすのはとっても手がかかります。そこで登場するのが缶詰です。骨までやわらか～いのでつぶすのがカンタン。しかも缶汁を使えば、いわしのうま味がギュッと閉じ込められているのでだしを使わなくてもおいしさ抜群。おかずがなくてもこれひとつあればご飯がすすみますよ。

材料（2人分）

	いわしの味つけ缶	1缶
	片栗粉	大さじ2
	しょうがのすりおろし	小さじ1/2
	酒	大さじ1
	万能ねぎ	10g
A	しょうゆ	小さじ2
A	みりん	小さじ1
A	しょうがのすりおろし	小さじ1

作り方

1. 缶詰のいわしを包丁でたたいて細かくし、しょうがのすりおろし、片栗粉、缶の汁小さじ2を加えてよく混ぜ合わせ、ひと口大に丸めておく。

2. 鍋に500ccの湯（分量外）を沸かし、酒を加える。そこへ残りの缶詰の汁とAの調味料を加え、煮立ってきたら①と小口切りにした万能ねぎ加えて、ひと煮立ちしたらでき上がり。

魚嫌いは缶詰から克服？

魚嫌いな夫（前述）のため
おさかなさん
NO!!
魚は嫌
いわし缶でつみれを作る
あ～なた～のため
えーつみれ汁ー？
魚嫌いって言ってるやん
ハイ
ーーと顔を引きつらせる夫
だまされたと思って
一口だけ食べてみて～ん♥
まゆみ色仕かけ
だまされる夫
ハーイ
いわしには脳の発達に良いというDHAが沢山入っているから成長期の子どもにも、とてもいいのよ
ほんとだくさくない！
これなら食べられる！
ねっ！
ワシも今からでも間に合うかのう？？
…うーんそれはどうかな…

○ やったらチェック

土鍋でパエリア

¥320（ご飯抜き）

土鍋でどーん！ カレー粉でも味は太鼓判。

パエリアって聞くだけで、豪華でリッチなメニューと思ってしまいますが、いつもの材料でとっても簡単に作れるんです。材料さえそろえればあとは土鍋におまかせ！と主婦にはうれしいレシピ。しかも鍋ごとどど〜んと食卓へ運べばいいのでラクチンです。見た目も豪華だし、ご飯に魚貝や野菜のうま味がしみ込んで激ウマ。「おかわり〜」の連発、間違いなしです。

材料（3〜4人分）

- 米……2カップ強
- 鶏胸肉……200g
- 冷凍いか……200g
- 玉ねぎ……中1個
- にんにく……1かけ
- ピーマン……1個
- トマト……1個
- あさり……1パック
- サラダ油……大さじ1
- A
  - 水……2カップ強
  - カレー粉……小さじ1強
  - 顆粒コンソメ……小さじ2
  - 塩、こしょう……各少々

作り方

1. 米は洗ってざるにあげておく。
2. 鶏胸肉といかはひと口大に切り、玉ねぎとにんにくはみじん切りに、ピーマンは輪切りに、トマトは粗みじん切りにする。
3. フライパンにサラダ油を熱し、鶏胸肉と玉ねぎ、にんにくを炒める。そこへ①の米を加えてさらに炒め、全体に油がなじんだら火を止め、土鍋に移す。
4. Aの調味料を加えて混ぜ、いかとあさりも加える。中火にかけ、ふたをして10分煮たあと弱火にしてさらに6分煮る。
5. ふたを開けてピーマンとトマトを散らし、再度ふたをして5分蒸らす。

聖なる夜に…

やったらチェック ○

ボリュームがあってお腹にたまるサラダは麸に限る！

焼き麸が残ってしまったとき、そのままにしておくとボロボロくずれて……。早く使ってしまいたいと思うでしょ。そんなときはいつもの麸の使い方とちょっと変化をつけてサラダに入れちゃいましょう。なにせグルテン豊富で肉みたいな食感だから、サラダのボリュームアップに大役立ち。麸と生野菜のコンビーネーションが絶妙でサラダとは思えない一品です。

お麸サラダ

¥116

材料（2人分）

	焼き麸	16個
	レタス	1枚
	トマト	1個
	ツナ缶	大さじ2
A	溶き卵	1/2個分
A	牛乳	大さじ1 1/2
A	塩、こしょう	各ひとつまみ
B	塩、こしょう	各少々
B	酢	小さじ1
B	顆粒コンソメ	小さじ2
B	しょうゆ	小さじ2

作り方

1. ボウルにAの材料を入れて混ぜ、水でもどして水けを絞った麸を入れて混ぜる。
2. レタスは手でちぎり、トマトはひと口大に切る。
3. フライパンにツナ缶の油を入れて火にかけ、①の両面を焼く。焼けたら再び①の残り汁にくぐらせて2度焼きする。
4. ボウルにBを入れて混ぜ、ツナと②、③を加えて混ぜ合わせる。

まゆみ、熱く語る

○ やったらチェック

ホットケーキミックスで大判焼き

¥75

和風おやつもホットケーキミックスを活用すべし。

ホットケーキの素ってほんとに便利。粉を練る手間も醗酵させる手間もないのにふわふわに焼き上がるのですから。そんな魔法の粉を使って和風おやつに挑戦！とはいってもいつものとおり生地を作って焼くだけです。しかも和風に仕上げるので牛乳を使わず水でOK。奥の手は隠し味にみりんをちょいと加えること。甘みと風味が増して本格大判焼きの味わいに太鼓判！

材料（6〜7個分）

A	ホットケーキミックス	100g
	水	60cc
	みりん	大さじ1
サラダ油		適量
あんこ		100g

作り方

1. ボウルにAを入れて混ぜ合わせる。

2. フライパンに油をひいて、①をスプーンですくって大判形に薄めにのばす。これを2枚作り、片方にあんこをスプーンですくってのせ、もう片方をひっくり返して合わせる。上から少し押さえて、中の生地を押し出してすき間を埋める。手で持って側面も焼く。ようじを刺して、生地がついてこないようならでき上がり。

今スグ食べたい!!
私は大判焼きが大好き!
アム〜
幸せ
…でも買うと高いし近所に売っている店もない(前述)
ならば自分でチャレンジ!!
生地は何だろう?と思ったが
ど
ん!!
ホットケーキミックス
いいか〜これで
ヘタに調合して食べられなくなるより
あんこをはさんで重ねた2枚のホットケーキをたてて、回しながらじっくりと側面を焼く!!
焼き方のポイントはココ!!
回転!!
ヤッター
できたわ
私の大判焼きへの熱い想いからできたケッサクよ〜♥
君が材料の失敗をおそれずに取り組むなんてよほど食べたかったンだね…
ングング
ウマイ…

やったらチェック ○

おからの究極レシピはヘルシーポッキー！

ダイエットをしているときに、一番つらいのがおやつを食べられないこと。ならばこれに限ります。なんたって油で揚げていないし、予想外のおからが主役だから超ヘルシー。ここではチョコレートをつけましたが、気になるなら生地の中にごまを混ぜたり、粉チーズや塩＆パセリでチョコ抜きにしてもOK。子どもにも安心して食べさせてあげられるおやつですよ。

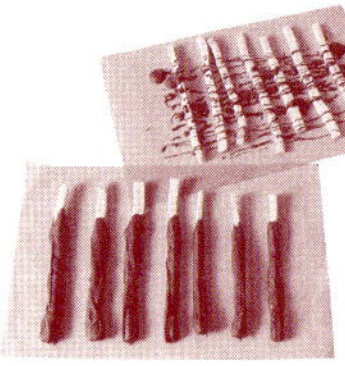

材料（30本分）

- おから……………………………60g
- 小麦粉…………………………100g
- マーガリン………………………30g
- 塩 ……………………………小さじ1/2
- チョコレート……………………適量

作り方

1. ボウルに小麦粉、塩、マーガリンを入れ、マーガリンをつぶすようにしてよく混ぜる。混ざったらおからを入れて、さらに混ぜる。

2. 打ち粉（分量外）をしたまな板に①をのせ、めん棒で薄くのばす。のびたらポッキーのような棒状に包丁で切る。

3. 170℃のオーブンでカリッとするまで約13分焼く。さめたら、湯せんにかけて溶かしたチョコレートをつける。

おからでポッキー

¥113

やったらチェック

ご飯でみたらし団子

¥50

おやつは残りご飯と餅で安上がりに作れる！

ときどき無性に食べたくなるみたらし団子。それが、な、なんと切り餅とご飯でできるんです。めん棒でつぶしますが、多少ご飯のツブツブが残っていてもOK。フライパンひとつでできるし、ようじに刺して食べるのもいいところ。甘辛いたれが団子にからまって、懐かしさとおいしさがダブルで楽しめます。熱いお茶と一緒に3時のおやつにいただきましょ。

材料（2人分）

切り餅……………………………80g
ご飯………………………………50g
A［しょうゆ………………小さじ2
　 砂糖………………大さじ1 1/2

作り方

1. 耐熱ボウルに餅とご飯を入れてラップをし、電子レンジ（500W）で2分加熱する。熱いうちにめん棒でつぶして餅状にし、ひと口サイズに丸めてようじを刺す。
2. フライパンで①の表面を焼く。Aを混ぜてたれを作り、からめる。

忘れちゃいけない！冒険心と父

正月の餅が残った
普通に食べるのあきちゃったしな…
ウーン
何か他の食べ方ないかな…
冷やご飯があったので「どうなるんだろう?」と一緒に加熱して棒でつくと
やわらかい!!
トン トン
丸めたら団子になるかも〜
砂糖としょうゆであまからのタレを作り
おいし〜い！
パク
パク
立派な団子に！
2人で完食した
ゲフー!!
おやつでおなかいっぱいだから今日の夕食いらないわネ〜
え!?そうなの？そうゆうのアリ!?
ワシは…ワシは食っとらんぞ
同居しているまゆみ父

やったらチェック ○

おからであんまん

¥37

もっちりしたあんまんの生地だっておからにおまかせ！

おからがこんなところでも活躍するとは！　粉と混ぜてねかすだけで本格的な中華まんがあっという間。中身を変えれば肉まんやピザまんだって思うままです。「子どもと一緒に作れるのがええなー」「おからでできるとは思えんかった」と教室の生徒さんたちにも好評です。おから料理で使ったおからがちょこっと残ったときに、ぜひ作ってみて！

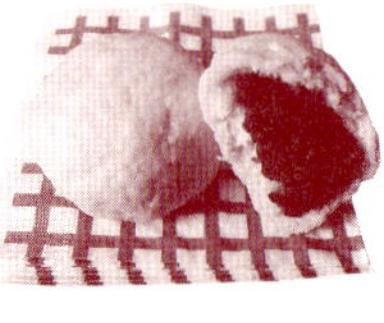

材料（2人分）

A
- 小麦粉……………………………50g
- おから……………………………30g
- ベーキングパウダー……少々

B
- 砂糖……………………………10g
- サラダ油…………大さじ1/2
- 湯……………………………30cc
- 塩……………………………少々

あんこ……………………………40g

作り方

1. ボウルにAを入れてよく混ぜる。そこへBを加え、粉っぽさがなくなるまでよく練って混ぜる。1つにまとめてラップをかけ、20〜30分ねかす。

2. ①の生地を2等分してのばし、あんこの半量を入れて包む。

3. クッキングペーパーの上に②をのせて蒸し器へ入れ、強火で10分蒸す。

だってあんまんが好き♥

食費1か月
1万円生活。

第4週目

¥6,625
＋
¥1,075
＋
¥1,294
＋
第4週目 ¥602

チ～ン

Total

¥9,596

25日目	26日目	27日目	28日目
なんちゃって サムゲタン 雑炊	おからスコーン …(あ) 温野菜サラダ	高野豆腐で なんちゃって 揚げパン	簡単蒸しパン
なんちゃって バジルパスタ	焼き麩とねぎの 卵とじ みそ汁	たけのこといわし缶 竜田揚げ 春雨サラダ	なんちゃって かに玉丼
シチュー ミニグラタン …⓯リメ オムレツ…肉そ 5/5	ねぎま串 キャベツと わかめの酢の物 みそ汁	豆腐で 本格シューマイP78 ピーマンごま和え 中華スープ	豆腐入り茶碗蒸し もやしのかき揚げ…⓰P83 キャベツの酢の物
昼 出がらし茶葉を 細かく刻む →バジルっぽく 見せる	**朝** (あ)を解凍する…前 日夜冷蔵庫へ移動 **夜** ねぎま串用は 鶏胸肉解凍	**朝** 水でもどした 高野豆腐を 牛乳につける →絞らずに 小麦粉をつける	**昼** 冷凍かにかまを解凍 **夜** 茶碗蒸し レンジで加熱
		今週の合計	¥602

1P＝1パック　リメ＝リメイク　肉そ＝肉そぼろ

献立＆お買い物表　第4週目

月日		22日目	23日目	24日目
献立	朝	おにぎり みそ汁	トースト 野菜スープ…（う）	くるま麸レンチトースト
	昼	コロッケ ウインナ＆ポテトのころころサラダ	いわし缶でチャーハンP82 野菜スープ…（う）朝の残り	半端野菜＆おから入りお好み焼き
	夜	そうめんで皿うどんP86 レタスの中華スープ	トマトヘルシー詰めP79 高野豆腐のシチュー…⑮	お麸で酢豚P87 ひじき&トマトサラダ たけのことわかめのスープ
下準備			**朝** スープは多めに作る →昼にも利用 →余ったら シチューにも	
今週のお買い物		シーフードミックス￥98 もやし1袋￥10 たけのこ1袋（150ｇ）￥88 木綿豆腐1丁￥30	シューマイの皮￥58 紅しょうが￥68 いわし缶（3缶1Ｐ）￥250	

シューマイといえば豚肉が主役ですが、これは鶏肉と豆腐が主役です。だから低カロリーでとってもヘルシー。ダイエットをしている人におすすめのレシピです。もし皮がなかったらタネをひと口大に丸めて片栗粉をまぶして蒸せば、プルルンとした食感のシューマイに。子どもに食べやすいと教室のお母さんから好評です。もちろん、たれもすぐできるから手作りして。

ヘルシーな組み合わせでしょ

リコピンたっぷりのトマトの器に中に具がギュッと詰まったさっぱり味の肉詰め料理ですが……、実は肉はちょこっとだけ。豆腐とおからが肉のうま味をしっかり包み込んで肉をサポートし、ボリューム感をアップします。トマトだけでなく、ピーマンやしいたけを器にしてもそれぞれの素材の味が楽しめますよ。バリエが広がるレシピなのでいろいろチャレンジしてみて！

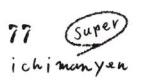

やったらチェック ○

豆腐で本格シューマイ

だってシューマイが好き♥

¥80

ふんわりやわらか～な口当たりが豆腐を豆腐と感じさせない！

材料（2人分）

木綿豆腐……1/4丁
鶏ひき肉……40g
もやし……50g
しょうが……少々
玉ねぎ……40g
片栗粉……小さじ3
オイスターソース……少々
きくらげ……5g
コーン（缶詰）……大さじ1
シューマイの皮……10枚

A
- 酒、しょうゆ……各少々
- 塩、こしょう……各少々
- みそ……小さじ1

たれ
- しょうゆ……大さじ1 1/2
- 酢……大さじ1
- ごま油……大さじ1/2

作り方

1. 木綿豆腐はしっかり水をきる。
2. 鍋に水を入れ、小さいざるに入れたきくらげをもどしながら加熱する。沸騰直前にきくらげを取り出し、同じ鍋にもやしを入れて熱湯をくぐらせる。きくらげは粗みじん切りにし、もやしも粗みじん切りにしてから水けを絞る。
3. ボウルに鶏ひき肉と①、②、すりおろしたしょうが、みじん切りにした玉ねぎ、片栗粉、オイスターソース、コーンを入れてよく混ぜる。そこへAの調味料を加えさらに混ぜる。
4. シューマイの皮に③を包み、蒸し器で5分蒸してでき上がり。材料を合わせたたれをつけていただく。

まゆみ流 暮らしの裏ワザ

しょうがドリンクで体のしんからあったためる！

すりおろしたしょうがと黒蜜を混ぜ合わせ、紅茶に入れて飲むと体がぽかぽかしてきます。もちろん食べてもOK。これで暖房温度を下げて過ごせます。

○ やったらチェック

トマトの豆腐ヘルシー詰め

¥77

ヘルシーなのにコクがあっておいしいトマト料理。

材料（2人分）

トマト……………………………2個
木綿豆腐…………………………50g
おから……………………………25g
合いびき肉………………………50g
玉ねぎ……………………………50g
ナツメグ、塩、こしょう…各少々
サラダ油…………………………少々

ソース
トマトケチャップ……大さじ2
ウスターソース………大さじ2
玉ねぎ（みじん切り）…………25g
くりぬいたトマトの種と実
…………………………………2個分

作り方

1. トマトはへたを取って横半分に切り、スプーンで種と実をくりぬく。

2. 木綿豆腐はしっかり水をきる。

3. ボウルに②と合いびき肉、おから、みじん切りにした玉ねぎ、ナツメグ、塩、こしょうを入れてよく混ぜる。これを①のくりぬいたトマトの中へ詰める。

4. フライパンにサラダ油をひき、③の詰めたほうを下側にして焼いて皿に盛る。

5. 焼き終わったフライパンにソースの材料を入れてぐつぐつするまで煮つめ、④にかける。

野菜は旬をいただきましょう

まゆみ流
暮らしの裏ワザ

煮込み料理は電子レンジでガス代＆時間の節約！
肉じゃがや筑前煮などは鍋で煮ると時間がかかるもの。電子レンジを使えば短時間で料理ができ、水から煮るよりビタミンCの損失が少ない。

骨まで入れちゃってください
いわし
みそ煮

おなじみのチャーハンですが、これはいわしの味つけ缶を使うのがポイント。しっかり味がついているので、調味料は塩、こしょうだけ。ご飯に卵をからませてから炒めるのがぱらぱらチャーハンに仕上げるコツです。また紅しょうががなければ、おすしについているガリを使ってもOK。まったく魚の臭みがないので、魚嫌いの夫もこれならガツガツ食べてくれるんですよ。

もやしのシャキシャキした歯ごたえと大葉の香りが口の中でドッキング。一見頼りなさそうに見える2つの素材なのに、手を組むと驚きのパワーを発揮します。カリッと揚げたアツアツをいただくとおいしさ倍増です。生徒さんも「もやしと大葉だけでもちゃんと一品になるんですね」「もやしがかき揚げに使えるとは思わなかった」と驚き。給料日前にもってこいです。

やったらチェック ○

魚を骨まで丸ごと使えるのは缶詰のなせるワザ。

いわし缶でチャーハン

¥135
（ご飯抜き）

材料（2人分）

ご飯…………………………茶碗2杯分
いわしの味つけ缶 ………………1缶
卵…………………………………1個
水煮たけのこ ……………………50g
紅しょうが………………………15g
長ねぎ …………………………1/2本
サラダ油………………大さじ1 1/2
塩 ……………………………小さじ1/4
こしょう …………………………少々

作り方

1. いわしを缶から取り出してざく切りにする。
2. たけのこ、紅しょうが、長ねぎはみじん切りにする。
3. 卵は割りほぐしてご飯と混ぜる。
4. フライパンにサラダ油を熱し、②→①→③の順に加えて炒める。最後に塩、こしょうをし、鍋肌に沿って缶詰の汁をかけてさらに炒める。

わが家のサプライズメニュー

まゆみ流
暮らしの裏ワザ

玉ねぎのへたで鏡ピカピカ！

玉ねぎの上下の捨てる部分の切り口を利用。切り口部分でガラスをキュキュッと磨くときれいになります。

やったら チェック

もやしのかき揚げ

¥14

たったこれだけの材料でご飯がすすむ、すすむ!

材料(2人分)

もやし……………………………1/2袋
大葉……………………………………2枚
小麦粉…………………………………50g
酒………………………………大さじ5
揚げ油………………………………適量

作り方

1. もやしはひげ根を取り、大葉はせん切りにして混ぜ合わせる。
2. 小麦粉に酒を加えて混ぜ、①にまぶして170℃の油で揚げる。

まゆみプチHappy

主人との結婚を決めたのは、主人のことが大好きだったから
単純だけど
ずっと一緒にいたいと思ったから…
同じ家に住んで「ただいま」「おかえり」と言いたかったからデス。
それから節約したお金は、パソコンの購入にあてたり、年に2回のお泊まりの旅行などに使ったりしてマス
有馬温泉に行きたい
お城見たい
あてもなくお金をためるなんて私にはできまセン!!
お互いの欲しいものを買ったりと目標別に貯金をしているの
だって一緒にがんばったんですもの
限りあるお金だからかしこく使いたいわよネ
新しいパソコン
やったーバイク購入!
ふーん
で、今日はもやしのかき揚げだけなんだ……
もやしもかきあげになるんだ〜
しみじみ…
小さな発見大きな収穫ね…
ガンバレ夫
ガンバレ僕…

まゆみ流 暮らしの裏ワザ

じゃがいもの皮でシンクピカピカ!

じゃがいもの皮の内側でシンクを磨くと、水アカなどでくすんだステンレスがピカピカに。ほかに大根の皮やきゅうりのへたでもOK。

香ばしくって、
その上おしゃれ

残りもののそうめんがあればさっさと使っちゃいましょ。油で揚げるとあっという間にパリッパリ。色がほんのりついたときが揚げどきよ。揚げたらちゃんときつね色になるから。揚げ過ぎると焦げ色になるので注意して。そしてもうひとワザ、揚げたそうめんに顆粒コンソメをふりかけると「なんちゃってベビースターラーメン」もできちゃうの。やってみて！

豚がなくても立派な酢豚です、本当に

酢豚といえば豚肉なんだけど、肉がなくても大丈夫。油で揚げた麩が肉のジューシーさとボリュームを演出してくれるから。味がしっかりついているから気づかれませんよ。さめてもしっかり肉の食感は生きているからお弁当のおかずにもぴったりです。野菜もしっかり入っているし、見た目もきれい。食卓で堂々と主役を張る麩豚は家計にもひと役買うレシピです。

やったらチェック ○

パリパリで勝負するなら皿そうめんだって負けない！

材料(2人分)

そうめん……………………………100g
揚げ油………………………………適量
もやし ……………………………1/4袋
玉ねぎ………………………………100g
ピーマン ……………………………1個
刻み干ししいたけ
……………………………………10g
冷凍シーフードミックス
……………………………………100g
ごま油…………………………小さじ2

A
- 鶏ガラスープの素 ‥‥大さじ1
- しょうゆ ………………小さじ1
- 水…………………………150cc
- こしょう……………………少々
- 片栗粉…………………小さじ2

作り方

1. そうめんは半分に折って、170℃の油でほんのり色がつく程度(10秒程度)に揚げる。

2. 干ししいたけをAの水につけてもどし、もどし汁はとっておく。

3. 玉ねぎ、ピーマンはせん切りにする。Aを戻し汁と一緒に混ぜ合わせておく。

4. フライパンにごま油を熱し、シーフードミックスと③の野菜、干ししいたけ、もやしを入れて炒める。火が通ったらAを加え、とろみがついたら火を止める。

5. 皿に①を盛り、④をかけてでき上がり。

そうめんで皿うどん

¥155

まゆみ流 暮らしの裏ワザ

野菜のゆで汁で床磨き！

野菜をゆでた汁で床をふくだけでなく、古歯ブラシにしみ込ませて蛇口のまわりをこすってもきれいになります。ほかに米のとぎ汁でもOK。

肉なし酢豚なのに、あれれ〜肉の食感!

材料（2人分）

くるま麩……………………………2枚
溶き卵………………………1/2個分
にんじん………………………………70g
ピーマン ……………………………1個
玉ねぎ ………………………………100g
揚げ油 ……………………………小さじ2
サラダ油…………………………………適量

たれ

- 鶏ガラスープの素………大さじ1
- しょうゆ…………………………小さじ2
- 水……………………………………100cc
- こしょう ………………………………少々
- 片栗粉……………………………小さじ2
- 砂糖、酢 ………………………各大さじ1
- トマトケチャップ………大さじ3

作り方

1. くるま麩を水でもどし、ひと口大に切って溶き卵にくぐらせる。これを170℃の油で揚げる。

2. にんじん、種を取ったピーマン、玉ねぎを食べやすい大きさに切る。耐熱皿ににんじんを入れて電子レンジ（500W）で2分加熱し、玉ねぎを加えてさらに2分加熱する。

3. フライパンにサラダ油を熱し、②の野菜を炒める。そこへ①の麩も加えて軽く炒める。

4. たれの材料を合わせ、③に加えてよくからめ、とろみがついたら火を止める。

お麩で酢豚

¥70

口に出して言えない…

酢豚の豚肉は時間がたつと固くなってしまうことが悩みだった…
フン
ポイ
今日の酢豚肉が固かったゾ
あ…ごめんなさい
なんとか柔らかく、ジューシーに、そして安くできないかと考えた結果…
これだ!! まゆみ特製人造肉…
ふ!!?
ヒソヒソ
武田さん家のスブタ肉じゃないらしいわよ…
それってスブタじゃなくてスフじゃん…
ヒソヒソ
違うんだ…俺が肉が固いって言ったのは…もう少しいい肉を使えって言いたかったんだああ…
バシバシ
まあ…おいしかったケド…
兄ちゃんおつは高タンパク低脂肪で体にいいんじゃよ♪
麩にしろとは言ってねエエエ!!

まゆみ流
暮らしの裏ワザ

ガラス窓の四隅は粗塩でアカこすり!?

ぞうきんに粗塩をつけて窓ガラスの隅をゴシゴシ。ほかに鏡の隅や額縁の隅なども粗塩がきれいにしてくれます。

食費1か月
1万円生活。

第5週目

¥6,625
＋
¥1,075
＋
¥1,294
＋
¥602
＋
第5週目 ¥404

ジャスト

Total

¥10,000

献立＆お買い物表　第5週目

月日		29日目	30日目	31日目
献立	朝	・トースト ・トマトとチーズの卵焼き	・パンの耳でピザP92	・豚汁 ・ご飯
	昼	・かき揚げ卵とじ丼…⑯リメ ・みそ汁	・絹さやとトマトごま和え ・エリンギ豚巻きソテー	・半端物でオムライス
	夜	・そうめん春巻きP96 ・なんちゃってあわびの中華煮P97 ・スープ	・押しずしP93 ・キャベツと春雨の酢の物 ・みそ汁	・いわし缶チーズ焼き ・キャベツとウインナのココット ・みそ汁
下準備		・**夜** エリンギの切り方に注意	・**夜** 牛乳パック・ペットボトルを型に利用	・**朝** 押しずしの水煮残り→豚汁の具に 半端に残ったものを集める

今週のお買い物		今週の合計
	・エリンギ1P ￥78 ・絹さや1袋（10枚入り） ￥68 ・筑前煮用水煮1袋（400g入り） ￥198 ・パンの耳200g ￥10 ・卵1P（6個入り） ￥50	￥404

1P＝1パック　リメ＝リメイク

パンの耳で、どんなもん台！

サンドイッチやトーストで切り落としたパンの耳をキープしておけばいつだってササッとピザが作れます。もちろんパンの耳は超格安。ランチやおやつにぴったりです。しかもすべてオーブンレンジ1つで調理完了。ウインナをツナやハム、ベーコン、残りものの鶏の唐揚げに変えてもいいし、トマトケチャップにマスタードを加えても。いろいろな味を楽しんでくださいね。

押しずしを作るのは材料をそろえるのも、下準備をするのも大変と思いがちだけど、これは超簡単。材料が全部入って水煮まで完了しているからあとは刻むだけなの。もちろん、筑前煮をしたときの残りものを再利用すればさらに経済的よ。それに型も買わなくて大丈夫。ペットボトルの底や牛乳パックを利用すれば、いろいろな形の押しずしができるってわけ。

やったらチェック ○

パンの耳でピザ

リメイク…つまりはエコなのよん♥

¥65

失敗知らずのピザ生地はパンの耳に限る！

材料

パンの耳……………………………食パン1斤分
牛乳……………………………………90cc
小麦粉…………………………………50g
ピーマン………………………………1個
玉ねぎ…………………………………40g
ウインナ………………………………1本
トマトケチャップ……………………大さじ2 1/2
とろけるチーズ………………………40g

作り方

1. ボウルにみじん切りにしたパンの耳を入れ、牛乳を加えてしみ込ませる。ここへ小麦粉を加えてしっかり混ぜ合わせる。

2. ピーマンは種を取って薄い輪切り、ウインナは薄い斜め切り、玉ねぎは薄く切る。玉ねぎとピーマン、ウインナをそれぞれラップで包み、電子レンジ（500W）で1分10秒加熱する。このとき、玉ねぎとピーマンはレンジの中心部に、ウインナは端に置くと加熱具合を調整できる。

3. 天板にクッキングシートを敷いて①をのせ、指で押しつけながら丸く平らにのばす。200℃のオーブンで10分焼く。

4. 焼けたら一度オーブンから出して、上にトマトケチャップを塗り、②の具、とろけるチーズをのせて、再び200℃で5分（チーズがとろける程度）焼いたらでき上がり。

まゆみ流
暮らしの裏ワザ

サビ落としにケチャップ!?
ステンレス製品にサビがついたら、布にトマトケチャップをつけてこするとあれれれ〜。きれいに取れてピカピカになります。

◯ やったらチェック

材料の下ごしらえは手間いらず、が一番！

野菜の水煮でカンタン押しずし

¥148
（ご飯抜き）

材料（2人分）

ご飯……………………………茶碗2杯分
すし酢
　砂糖……………………………大さじ2
　塩……………………………小さじ1/4
　酢……………………………大さじ3
筑前煮用水煮………………………200g
刻み干ししいたけ…………………………5g
A
　水……………………………400cc
　しょうゆ………………………大さじ3
　みりん…………………………大さじ2
卵……………………………………1個
サラダ油……………………………適量
絹さや……………………………5枚

作り方

1. Aの水を鍋に入れ、干ししいたけをもどす。もどったら取り出して水けを絞り、細かく刻む。筑前煮用水煮も同様に刻む。これらを再び鍋に入れて煮る。このとき、絹さやを小さいざるに入れてサッとゆでる。絹さやを取り出したあと、Aの残りの調味料で味をととのえ、ざるにあげて汁けをきる（汁はとっておく）。

2. ご飯にすし酢を合わせて混ぜ、絹さや以外の①の具を加えて混ぜ合わせる。

3. ボウルに卵を割り入れ、①で残した汁から大さじ1を加えてよく混ぜ合わせる。卵焼き器にサラダ油を薄くひき、薄焼き卵を作る。細切りにして錦糸卵にする。

4. 牛乳パックの底部分を型に利用。②のすし飯と錦糸卵、せん切りにした絹さやを詰め、上から少し押す。型からはずして皿に盛り、錦糸卵と絹さやを飾って仕上げる。

あの時は本当にショックでした…

寛容でやさしそうなまゆみさんのご主人…実は意外と亭主関白!?
俺は残りものは一切食べんけん!!
一度、食後に残りものを捨てられたことがありー
・・・・
さっ さっ
えー!!
大ゲンカにー
まだ食べれるもん捨てるやどーゆーことよ~~~!!
わああもったいないわーー
食べれんけん!!
かんまんでないかこれくらい
食べ、えへんものいつまでも残したってしゃーないだろ~
でもそのことがキッカケで私のリメイク料理が生まれたの♥
エヘー
夕べの筑前煮の残りで作ったのヨ…
うまいなァこの押しずし…
残ったものを何か違う料理に…と考えるようになったのは主人のおかげなの♪

まゆみ流
暮らしの裏ワザ

スーパーの袋ではたきができる！
スーパーの袋は静電気でくっつきやすいもの。この性質を利用して、裂いた袋を割りばしなどにつければ即席はたきの完成。すすはらいやパソコンのほこり取りに使えます。

そうめんが残ると、
うれしくなります

油で揚げないでフライパンで作る春巻きだからヘルシーです。春巻きの皮の代わりに餃子の皮を使って棒状に包んでも。とってもちっちゃい春巻きができるので、お酒のつまみやお弁当のおかずにぴったんこ。しかもあんがかかっているのでたれをつけずにそのままバクッ。そうめんと野菜がからまって、野菜が苦手な子どもにも食べやすいので人気ですよ。

だって歯ごたえは
アワビなんだもん

繊維に沿って切るのがアワビの食感に近づけるコツ。夫はきのこ類も苦手なんだけれど、気づかずにパクパク。「それエリンギやで」といったら「気づかんかったわ」とうれしいお答え。「はなまるマーケット」のリポーターさんもこれを食べてアワビっぽいと喜んでくれたの。なんちゃってレシピが多い中、これは結構笑えるんじゃないかと思ってる。どうかしら？

やったらチェック ○

そうめん春巻き

青虫から蝶へ 華麗なる変身

¥104

パリパリの皮が香ばしい〜。残ったそうめんは具で使い切るべし!

材料（2人分）

ゆでたそうめん……………………100g
鶏胸肉……………………………50g
塩、こしょう……………………各少々
にんじん…………………………30g
刻み干ししいたけ………………10g
春巻きの皮………………………4枚
溶き卵…………………………1個分

A
- 鶏ガラスープの素……小さじ1
- しょうゆ、砂糖……各小さじ1
- トマトケチャップ……大さじ2
- 酢……………………大さじ1/2
- オイスターソース……大さじ1
- 水……………………100cc
- 片栗粉…………………小さじ1

作り方

1. Aの水で干ししいたけをもどす。
2. 鶏胸肉は斜めに切り込みを入れて薄く広げる。ラップで包んで電子レンジ(500W)で1分30秒加熱。手でほぐして、塩、こしょうをふる。
3. にんじんはせん切りにし、ラップで包んで電子レンジで1分30秒加熱する。
4. 春巻きの皮にゆでたそうめんとしいたけ、②と③をのせて包む。これを溶き卵にくぐらせて、フライパンで焼き色がつく程度に焼き、皿に盛る。
5. ①の水に、Aの残りの調味料を混ぜ合わせて、④のフライパンに入れて加熱し、とろみがついたら、④にかけてでき上がり。

まゆみ流 暮らしの裏ワザ

鍋の焦げつきは玉ねぎがお助け！
焦げついた鍋に水と玉ねぎを入れて煮立て、火を止めてそのまま置いておきます。手で触れるくらいにさめたらスポンジでゴシゴシ。お焦げがするりと取れます。

やったらチェック

エリンギでなんちゃってアワビの中華煮

¥50

コリッコリのエリンギの歯ごたえでアワビの術!

材料(2人分)

エリンギ……………………………70g
ピーマン……………………………1個
京ねぎ………………………………30g
水……………………………………70cc

A
- 鶏ガラスープの素……小さじ1
- オイスターソース……………大さじ1 1/2
- しょうゆ……………小さじ1
- 砂糖…………………小さじ1
- ごま油………………小さじ1
- 片栗粉………………小さじ1
- 水……………………80cc

作り方

1. エリンギはかさの下を切り、茎はアワビの薄切り風に縦に切り、かさも食べやすい大きさに切る。ピーマンは種を取り、食べやすい大きさに切る。京ねぎは斜め薄切りに。

2. フライパンに水を沸かし、①を加えサッとゆでる。

3. ②へAの材料を混ぜ合わせて加え、とろみがついたらでき上がり。

未知との遭遇

俺きのこ嫌い!
夫はきのこ類が苦手
しいたけはOKだけど
エリンギは形が嫌!!
形が嫌!?
(なんじゃそれ…)
エリンギのスライスって
なんかアワビっぽいね…
ムムム
じゃ〜形が変われば食べられるんだ…
じゃ〜アワビにしちゃお♪とアワビっぽく切ったエリンギを中華風に煮て仕上げに片栗粉でトロミ付け!
おお〜
アワビだぁ♥
どお?これ…
ん!
見た目エリンギじゃないからOK!
へェ〜!嫌いなものでも見た目が変わればいいなんて…
男の人って
変な生き物だなあ…
何でキノコからアワビの発想なんだ…まゆみって

まゆみ流
暮らしの裏ワザ

コップ1杯の水で電子レンジの掃除!?
食品の汚れがつきやすい電子レンジの内部。耐熱性のコップに水を入れて3分加熱します。蒸気が全体に回ったら、温かいうちにふきんでふけばきれいさっぱり。

コラム　缶詰をおいしく食べるコツ

缶詰はそのままでも食べられるくらい調理がしっかりしてあり、しかも格安、さらに日持ちがするので、食費節約の頼もしい助っ人になってくれます。100円前後で特売になっている缶詰は見逃さないでゲットしておきましょう。料理に使うときは、それぞれの缶詰の特徴を知って使い方を工夫することが大切。ここでは特徴と料理例をご紹介します。

さば缶

水煮缶はしょうがやにんにく、ごぼうなどの香りのある野菜とよく合います。根菜類や豆腐に味がしみ込み、本格和食がカンタンに作れるのも魅力。缶に残ったうま味たっぷりの汁はだしやソースになどに使えます。煮る・炒める・蒸す料理に。

さば缶を使った料理例

- 水煮缶…さばのグラタン、きのことおろし煮、さばカレー、白菜とさば缶の煮物、さばの包み揚げ、さばキムチ。
- 味つけ缶…さばのつみれ汁、ピーマンの肉詰め風、さばチャーハン。
- みそ煮缶…里いものさば煮、かぼちゃのさば煮、さばペーストのトースト。
- しょうゆ缶…そぼろ丼、炊き込みご飯。

コンビーフ缶

ブロッコリーや玉ねぎ、キャベツなど、水っぽくない野菜とよく合います。また白米など、淡泊なものと合わせると味が引き立つのも魅力。うま味が強いので調味料は控えめに。煮る・炒める料理に向いています。

コンビーフ缶を使った料理例

- さいころステーキ丼、コンビーフパスタ、ピーマンの肉詰め、焼きそば、野菜炒め、サンドイッチ、チャーハン、ポテトサラダ、コンビーフカレー、オムレツ、グラタン、コンビーフのミルクスープなど。

ツナ缶

どんな野菜とも相性がよく、特にせん切りにした野菜とよくなじみます。炒めるとジューシーさがアップ。オイルはコクとうま味がたっぷり含まれているので、炒めるときなどに使えます。そのまま・煮る・炒める・蒸すなど、幅広い調理に使える缶詰です。

ツナ缶を使った料理例

- ツナと白菜の煮物、ツナの和風パスタ、ツナのロールキャベツ、ツナナゲット、卵焼き、ツナのちらしずし、チャーハン、オムレツ、揚げ餃子、グラタン、ツナコロッケ、ツナマヨトーストなど。

いわし缶

DHAやEPA、カルシウムがた〜っぷり含まれる栄養豊富な缶詰です。DHAなどの栄養素を逃がさないためにも缶汁ごと使いましょう。しょうがや大葉と一緒に調理すると、魚特有のにおいが苦手な方にもオススメです。

いわし缶を使った料理例

- 味つけ缶…いわしチャーハン、いわしのチリソース、いわしのつみれ汁、ピーマンの肉詰め風、いわしコロッケ、生春巻き、いわし缶となすの炊き合わせ、いわしの竜田揚げ、いわしバーグ、いわしとごぼうの卵とじ。
- 蒲焼き缶…いわしのチーズ蒲焼き、炊き込みご飯、いわしの蒲焼きパスタ、いわしの蒲焼きどんぶり、餃子の皮で包み揚げ、春巻き（生春巻きもOK）、いわしの蒲焼きうどん（にしんそばもどき）など。

さんまの蒲焼き缶

蒲焼き独特のたれは魚のにおいを防いでくれるので、魚が苦手な方にもオススメ！　しっかり加熱調理されているので、面倒な下処理も必要ありません。アレンジ次第でおつまみやお弁当の1品にも。

さんまの蒲焼き缶を使った料理例

- さんまの蒲焼きみぞれ和え、さんまの蒲焼きおにぎり、さんまの蒲焼き丼、サンドイッチ、卵とじ、さんまの蒲焼きてんぷら、さんまの蒲焼き天丼風、さんまの蒲焼きでひつまぶし風、さんまの蒲焼きチャーハン、春巻き（生春巻きでもOK）、さんまの蒲焼きチーズのせ焼きなど。

焼き鳥缶

鶏肉にはしっかりと味がしみ込んでいて、缶汁にもうま味がたっぷり。缶汁をそのまま味つけにも使えるのが魅力です。あっさり食べたいときにはそのままの味つけで、こってりしたいときはチーズやマヨネーズと合わせて。大根おろしや山いものすりおろしとも相性がいいですよ。

焼き鳥缶を使った料理例

- 炊き込みご飯、親子どんぶり、焼き鳥どんぶり、和風パスタ、野菜と一緒にチーズ焼き、山いものふわふわどんぶり、サンドイッチ、生春巻き、ピザのトッピング、マヨチーズ焼きなど。

食費1か月
1万円生活。

まゆみ流 食費節約の極意

ここでは献立の立て方、買い物のやり方、保存の仕方など、
1か月1万円生活を維持するために
知っておくと役立つ私のやり方をご紹介します。
これだけ知っておけば、食材を安く買って、腐らせずに使い切れ、
料理のレパートリーも増えます。

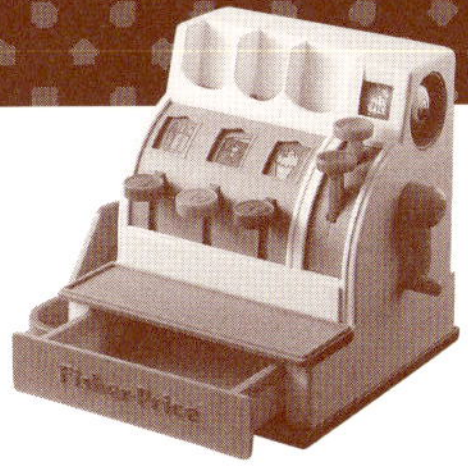

カルチャーセンターの講座や講演会で多い質問が「レパートリーをどうやって増やしたらいいの？」。そこで、素材の組み合わせ・調理法・味つけの3ポイントをパズルのように組み合わせたらメインの1品も副菜の1品もできるという「献立力」の法則を作りました。

節約料理のレパートリーがグングン増える「献立力」の法則

調理・味つけヒント

調理法

煮る	蒸す	焼く	あえる	炒める

味つけ

同じ味にならないように1週間味つけを変え、味のマンネリ化を防ぐこと

しょうゆベース	しょうゆ＋みりん＋砂糖で甘辛く・しょうゆ＋砂糖＋酢でさっぱりとポン酢風
トマトベース	トマトケチャップや水煮缶にコンソメやしょうゆなどをプラス
みそベース	みそにマヨネーズ、オイスターソース、梅肉などをプラス
中華ベース	基本はオイスターソースを使う。ここにしょうゆやみそ、マヨネーズなどをプラス
ピリ辛ベース	キムチの素や豆板醤＋みそやオイスターソースなどを合わせる
マヨベース	マヨネーズにみそやカレー粉などをプラス
ミルククリームベース	牛乳をホワイトソースにしたり、そこにみそやカレー粉などをプラス

残りものは つ の法則で使い切る!

肉じゃがを使って「つ」の法則

つつむ
- カレー粉をふって餃子の皮で包み、油で揚げる→「**なんちゃってサモサ風**」

つぶす
- 煮汁も含めてすべてつぶし、牛乳でのばす→「**ポタージュスープ**」
- 煮汁も含めてつぶし、衣をつけて揚げる→「**肉じゃがコロッケ**」
- 煮汁も含めてつぶし、ご飯と牛乳を混ぜる→「**リゾット風**」

つめる
- 煮汁も含めてつぶし、ちくわの穴に詰めて衣をつけて揚げる→「**ちくわコロッケ**」
- 食パンをコップに入れて型にし、その中に肉じゃがを入れてチーズをのせて焼く→「**肉じゃがパン**」

筑前煮を使って「つ」の法則

つつむ
- 油揚げを開き、筑前煮をのせてくるくると巻いて煮汁で煮る→「**油揚げ包み**」

つぶす
- 具をたたいてつぶし、しょうがやねぎを加えてよく混ぜひと口サイズに丸める。片栗粉と小麦粉を合わせてまぶし、蒸し器で蒸す→「**皮なしなんちゃってシューマイ**」

つめる
- 具を刻んですし飯と混ぜ、油揚げで包む→「**いなりずし**」

きんぴらごぼうを使って「つ」の法則

つつむ
- 肉で巻いて焼く→「**肉巻き**」
- 卵で包んで焼く→「**きんぴら卵焼き**」

つぶす
- あじと一緒にたたいてつぶし、しょうがを混ぜて丸めて揚げる→「**あじのつみれ風**」
- いわしと一緒にたたいてつぶし、しょうがを混ぜて小判形にまとめて焼く→「**いわしバーグ**」
- 豆腐と一緒にたたいてつぶし、しょうがを混ぜて小判形にまとめて焼く→「**豆腐バーグ**」

つめる
- 油揚げを袋状にし、その中に詰めて卵を割り入れ、ようじでとめて煮る→「**袋煮**」

メイン野菜＋αで1品できる法則で 3パターンできる

食材の名前のどこかに「は・ひ・ふ・へ・ほ」「あ・い・う・え・お」「た・ち・つ・て・と」の言葉が入っている食材や「しろいもの」食材とメイン野菜を組み合わせます。
メイン野菜は1玉・1本売りの半端になりがちな野菜で考えるとよいでしょう。
たとえば、キャベツ・レタス・かぼちゃ・大根など。

「あいうえお」の法則

あ…**あ**ぶらあげ、**あ**つあげ
い…**い**か、じゃが**い**も・さと**い**もなどの**い**も
う…と**う**ふ、**ウ**インナ
え…**え**のき、**エ**リンギ、桜**エ**ビ
お…**お**から

例 メイン野菜を大根。「あいうえお」に当てはまるものは「う」の「ウインナ」。

パターン 1	焼く	＋	ミルククリームベース	→	大根とウインナのグラタン風
パターン 2	煮る	＋	しょうゆベース	→	大根とウインナのスープ
パターン 3	炒める	＋	中華ベース	→	せん切り大根とウインナの中華炒め
パターン 4	炒める	＋	マヨベース	→	大根とウインナのマヨ炒め
パターン 5	煮る	＋	しょうゆベース	→	大根とウインナの和風煮込み

「はひふへほ」の法則

は…**は**るさめ、**は**んぺん、**ハ**ム
ひ…**ひ**き肉
ふ…**ぶ**た肉、とう**ふ**
へ…**ベ**ーコン
ほ…**ホ**ールトマト缶詰、**ホ**ワイトソース

例 メイン野菜をキャベツ。「はひふへほ」に当てはまるものは「は」の「はるさめ」に。

パターン 1	煮る	＋	しょうゆベース	→	キャベツと春雨のスープ
パターン 2	炒める	＋	中華ベース	→	キャベツと春雨の中華風炒め物
パターン 3	蒸す	＋	しょうゆベース	→	キャベツと春雨の電子レンジ蒸し
パターン 4	あえる	＋	しょうゆベース	→	キャベツと春雨の酢の物
パターン 5	あえる	＋	ピリ辛ベース	→	キャベツと春雨のピリ辛あえ

「しろいもの」の法則

ほかの法則とは異なりますが、白い食材と組み合わせると1品できるという法則。

しろいものとは…
- **豆腐・高野豆腐**
- **えのき**
- **もやし**
- **はんぺん・しらたき**
- **チーズ・はるさめ**
- **たまご …など。**

これは、野菜以外にもお肉にも組み合わせできます。調理法と味つけのみ組み合わせると、さまざまなパターンが展開可能。

- **野菜なら…**
メイン野菜がレタスなら、しろいものをチーズとします。

- **お肉なら…**
メインお肉が鶏ミンチなら、しろいものをもやしとします。

「たちつてと」の法則

た…**た**まご
ち…**ち**くわ
つ…**ツ**ナ缶
て…**手**羽元
と…**と**うふ

例 メイン野菜をかぼちゃ。「たちつてと」に当てはまるものは「と」の「とうふ」。

パターン 1	煮る	＋	ミルククリームベース	→	かぼちゃと豆腐のクリームスープ
パターン 2	焼く	＋	しょうゆベース	→	かぼちゃと豆腐のソテー
パターン 3	あえる	＋	しょうゆベース	→	かぼちゃの白あえ
パターン 4	蒸す	＋	中華ベース	→	かぼちゃと豆腐の電子レンジで重ね蒸し
パターン 5	蒸す	＋	しょうゆベース（＋カレー粉）	→	かぼちゃと豆腐のドライカレー

野菜バージョン

野菜はそのまま野菜室に入れておくと、使い切るまでに鮮度が落ちてしまうことが多いもの。上手に冷凍保存をすれば、1か月くらいは大丈夫でしょう。これで腐らせることもないし、ムダもなくなりますよ。

ブロッコリー

小房と芯に分け、まず芯をたっぷりのお湯でゆで、続いて小房は数分くぐらせる程度にゆでる。小房の色がサッと変わったら、冷水に芯とともに取り出す。これを使いやすい大きさに切って水けを十分にきり、保存袋に入れて冷凍する。

ほうれん草や小松菜などの葉もの

熱湯でサッとゆで（やや固いくらい）、巻きすにのせて水けを絞る。これを1回分ずつに切ってラップに包み、保存袋に入れて冷凍。煮物や炒め物には凍ったまま使えるので便利。

玉ねぎ

サラダ用は薄くスライスして保存袋に入れて冷凍。ハンバーグやオムレツ、コロッケ用はみじん切りにしたあとフライパンで炒めてさましてから保存袋に入れて冷凍。カレーなどの煮込み用はくし形に切って、サッと湯通ししてからざるにあげてさまし、保存袋に入れて冷凍する。

しめじやえのき

根元の部分だけ切り取り、使いやすい量に分けてから保存袋に入れて冷凍する。

パセリ

保存袋に入れて冷凍し、凍ったら上から手でもんで、刻みパセリにして冷凍する。

もやし

サッと湯通ししてざるにあげ、さます。1回分ずつに分けてラップに包み、保存袋に入れて冷凍。

オクラ

板ずりしてからサッと湯通しし、ざるにあげて水けをきり、保存袋に入れて冷凍。

にんじん

皮をむいて1cm厚さの輪切りにし、サッとゆでる（やや固いくらい）。これをせん切り、みじん切りにして1日天日干しし、水分をよくとばしたら、切り方別に保存袋に入れて冷凍する。

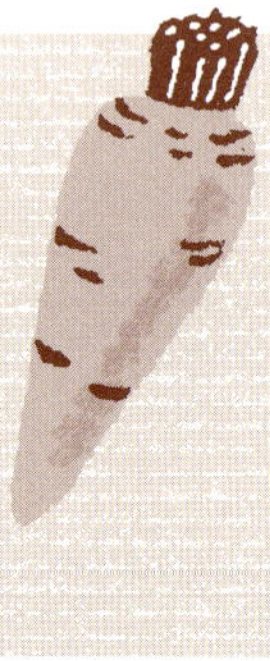

にら

3〜4cm長さに切って保存袋に入れて冷凍。使うときは凍ったままで調理する。

ピーマン

縦半分に切ってへたと種を取り、熱湯でサッとゆでて（やや固いくらい）、冷水に取り出す。水けをよくきって、そのまま、あるいはせん切り、みじん切りにしたものを1日天日干しに。水分をとばしたらそれぞれ保存袋に入れて冷凍する。

れんこん

皮をむいて輪切りにし、酢水に入れて弱火でゆっくりゆでる。これをざるにあげてよくさまし、水けをきって保存袋に入れて冷凍。

しいたけ

軸を取り、かさの裏の汚れをキッチンペーパーでふいてから保存袋に入れて冷凍する。このとき、軸とかさは別々の袋に入れたほうが使いやすい。

きゅうり

小口切りにして、保存袋に入れて冷凍する。

にんにく

皮をむいて1かけずつに分けて保存袋に入れて冷凍。あるいはみじん切りやすりおろして、それぞれラップに包んで保存袋に入れて冷凍する。

アスパラガス

そのまま保存袋に入れて冷凍する。

キャベツ

1枚ずつはがして塩ゆでし、ざく切りにして水けをきる。さめたら1回分ずつラップで包み、保存袋に入れて冷凍。

里いも

皮をむき、塩もみしてぬめりを取る。これを固めにゆでてざるにあげ、よくさましてから保存袋に入れて冷凍する。

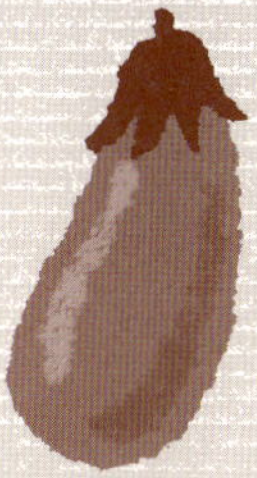

なす

輪切りにして水に入れてアク抜きし、ざるにあげて水を切る。キッチンペーパーで水けをふき取り、フライパンで軽く焼き色がつく程度に焼き、さめてから保存袋に入れて冷凍。あるいはへたを取ってグリルで焼き、水に取って皮をむいてさましたのち1個ずつラップに包んで保存袋に入れて冷凍する。

しょうが

そのまま焼酎に入れて保存するか、すりおろして卵の空きパックに入れて冷凍する。さらに皮をむいて1回分ずつ冷凍。皮も別の保存袋に入れて冷凍しておく。

ごぼう

皮をむいてささがき、角切り、輪切りなどにし、酢水で下ゆでする。それぞれラップに包んで保存袋に入れて冷凍。

じゃがいも

フライパンにサラダ油を少々熱して、薄くスライスしたじゃがいもを入れて炒め、透き通ってきたら、皿に取り出してさましてから冷凍。あるいは皮をむいて丸ごとゆでて粗くつぶし、さましてから1回分ずつに小分けにして冷凍する。

ねぎ

長ねぎは3〜4cm長さに切り、万能ねぎは細かく刻んで1日天日干しし、水分をとばしてから保存袋に入れて冷凍する。

かぼちゃ

ひと口サイズよりやや大きめに切り、やや固めにゆでてざるにあげ、よくさます。さめたら保存袋に入れて冷凍。煮物にするときは凍ったまま入れれば味がスッと入るし、煮る時間も短縮できる。

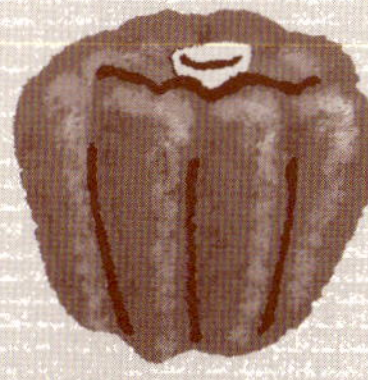

一尾魚の場合

買ってきたら、内臓、えら、わたを取り除き、全体に塩をふってラップで二重に包んで冷凍する。塩で魚の表面がコーティングされるので、冷蔵室でも1〜2日は大丈夫。

魚 バージョン

油揚げ

そのまま保存袋に入れて冷凍するか、いなりずし用に甘辛く味つけして冷凍。

うどんやそば

ゆでてある市販のものはそのまま冷凍。

バターやチーズ

そのまま冷凍。

肉 バージョン

肉も買ってきたらすぐに冷凍しておきましょう。保存期間は2〜3週間。これを目安にしてメニューを考え、すべて使い切るようにしてください。ここでは肉別に冷凍保存の仕方をご紹介します。

加工肉の場合

ウインナ

ようじで数か所穴を開けてから、保存袋に入れて冷凍。

ベーコン

1枚ラップを広げ、ベーコンを1枚のせたらラップ、その上にベーコンと交互にはさんで蛇腹のようにし、保存袋に入れて冷凍。

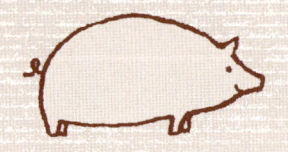

ひき肉の場合

使う量に合わせて小分けにし、ラップに包んで冷凍する。あるいはブロッコリーの芯やにんじんの皮などのくず野菜をみじん切りにして、ひき肉と一緒に炒め、1回分ずつに分けてラップに包み、保存袋に入れて冷凍。チャーハンやミートソース、麻婆豆腐、コロッケなどにすぐ使えて便利。

鶏肉の場合

胸肉＆もも肉

1枚ずつラップにくるんで冷凍するか、ひと口サイズに切って保存袋に入れ、蒲焼きのたれをからめて冷凍する。あるいはから揚げにしてよくさましたあと冷凍したり、おろしだれにつけ込んで冷凍してもOK。ちなみにおろしだれは、玉ねぎ1/4個とにんにく1かけをすりおろし、しょうゆ大さじ2、酒大さじ1、サラダ油大さじ1を混ぜる。

ささみ

すじを取り、使う用途に分けて切ってラップに包んで冷凍する。

豚肉の場合

薄切り肉と細切り肉

1枚ずつ広げ、使う量に分けてラップに包んで冷凍。あるいは密閉容器にしょうゆとみりん、おろししょうがを合わせた中に肉を入れ、しょうが焼きの下味をつけて冷凍。さらにゆでてからざるにあげ、ごま油をからめて小分けにして冷凍してもいい。

ブロック肉

ひと口サイズに切って、たれにつけて冷凍。たれは3種類のうちいずれかで。

● みそだれ

みそ、オイスターソース、酒、砂糖を同量ずつ混ぜてつけ込む。あるいはみそをみりんでのばしたものをたっぷりかけてつけ込む。

● おろしだれ

玉ねぎ1/4個、にんにく1かけをすりおろし、しょうゆ大さじ2、酒、サラダ油各大さじ1を混ぜてつけ込む。

● しょうゆだれ

しょうゆ、みりん、砂糖、酒、おろししょうがを混ぜてつけ込む。あるいは容器にしょうゆ、酒、砂糖、ごま油、すりごまを同量ずつ入れ、おろしにんにくを混ぜてつけ込む。

牛肉の場合

薄切り肉と細切り肉

1枚ずつ広げて使う用途に分けてラップに包んで冷凍する。

刺身パックの場合

基本はその日のうちに食べること。もし冷凍するとしても1週間以内には食べ切るようにしたい。注意するのは、刺身に必ずついている大根のつまや飾りのパセリなどの野菜。見た目は実にきれいでも、刺身と重なっている部分は時間がたつにつれどんどん色が変わって、傷みが早くなるので別々にしておく。その日に食べるなら刺身をラップに包んでチルド室（または冷蔵室）へ。冷凍する場合は、ぴっちりと二重のラップに包み、冷凍室へ。さくで購入した刺身は、切り口から酸化してくるので、食べる際には切り口を取り除いて。

切り身魚の場合

塩焼き用に冷凍

冷凍する前に塩をふっておくと、身が引き締まると同時に鮮度も保つことができる。塩をふって1切れずつラップで二重に包んでから冷凍を。ただし、塩鮭のように最初から塩をふってある切り身の場合は、塩をふる必要はない。

煮魚用に冷凍

調理をすませて冷凍する。煮汁と一緒に冷凍すると、切り身が直接空気に触れないのでうま味を逃がさない。また加熱しているので安心だし、煮汁が切り身にしみ込んで味がしっかり入る。みそ煮の場合も同様。

照り焼き用に冷凍

酒としょうゆを6：4の割合で合わせ、そこへ切り身を30分ほど浸して味をなじませてから、ラップで二重に包んで冷凍する。季節にもよるが、5日程度なら冷蔵保存も可能。ただし、たれにみりんを入れると傷みが早くなってしまうので、調理の際に加えて、たれをつけながら焼く。

魚は鮮度が命。冷凍してもおいしく食べるためには、一尾魚の場合は必ず内臓類を取り除いておくこと。その後、下味をつけたり、調理してから冷凍してください。保存期間の目安は2～3週間。ここではお店で売られている形態別に保存のやり方をご紹介します。

こんなものまで…

まだまだ冷凍ワザで使い切れるものはたくさんあります。上手にワザを使いこなして腐らせずに全部使い切りましょう。

スパゲティ

ゆでてサラダ油をかけ、100gずつに分けて冷凍。

残っただし汁や煮汁

卵パックに入れて冷凍。量が多いときは牛乳パックを利用。

かまぼこなどの練り製品

使いみちに合わせて切り、ラップで包んで冷凍。

カレー

じゃがいもをつぶしてから保存袋に入れて冷凍。このとき牛乳パックを使うと便利。

おから

使いやすい量に分けてラップに包んで冷凍。

ご飯

温かいうちに1人分ずつに分けてラップに包み、さましてから冷凍。

納豆

パックから出してラップにのせ、平たくして冷凍。

食パン

袋を二重にして冷凍。

残った溶き卵

密閉容器に入れて冷凍。

生クリーム

泡立ててから卵パックに入れて小分け冷凍。

付属のたれ・ソースで絶品メニュー

**蒲焼きや焼きそば、納豆、ヨーグルト、おすしなどを買うと
小袋に入ったたれや砂糖、しょうがなどがついています。
これらは使わずに残ることも多いもの。捨てずに料理に使ってとことん活用しましょう。**

焼きそばの粉末ソースを使って

● カツレツ風に…牛肉の薄切りを広げて2〜3枚ずつ重ね、粉末ソースをふりかける。ここへスライスチーズをのせてくるっと巻き、フライの衣をつけて油で揚げる。

● じゃがいものソース炒め…じゃがいもは細切りにして水に5分ほどつける。フライパンにサラダ油をひいて、水けをきったじゃがいもを入れて4〜5分炒める。ここへ豚細切り肉を加えて火が通るまでよく炒め、粉末ソースをまんべんなくふりかけて、塩、こしょうで味をととのえる。

● 和風コロッケに…じゃがいもはゆでてつぶし、玉ねぎはみじん切りにしてフライパンで炒める。ツナ缶の水けをきってボウルへ入れ、そこへじゃがいもと玉ねぎ、粉末ソースを入れて混ぜ、丸めて形を整えてから衣をつけて油で揚げる。

● から揚げに…鶏肉200gに対して粉末ソース1袋をまぶし、片栗粉をつけて油で揚げる。

蒲焼きのたれを使って

● スペアリブに…蒲焼きのたれにトマトケチャップ、酢（またはパイナップルの缶詰の汁）を足して、スペアリブ用の肉をつけ込む。天板にアルミホイルを敷いて、汁けをとった肉をのせてオーブンで焼く。

● 鶏肉の照り焼きに…鶏もも肉1枚を食べやすい大きさに切り、塩、こしょうをする。フライパンにサラダ油をひいて皮を下にして2分焼き、さらにひっくり返して2分焼く。ここへ蒲焼きのたれと酒大さじ1を混ぜて加え、照りがつくまで煮つめる。

● 魚の煮つけに…蒲焼きのたれにおろししょうがとだし汁を足して煮立て、そこへ魚を入れて煮つける。

● 鶏のつくね焼きに…長ねぎとしょうがのみじん切り、鶏ひき肉、パン粉を合わせて混ぜ、丸める。フライパンにサラダ油をひいてこんがりと焼き、蒲焼きのたれをかけてからめる。

納豆のたれを使って

● だし巻き卵に…卵2個を割りほぐし、納豆のたれを1袋入れてしっかり混ぜ、フライパンで卵焼きのように焼く。

● ほうれん草のおひたしに…ほうれん草をゆでてひと口サイズに切り、水けを絞る。納豆のたれと混ぜてでき上がり。

● 餃子のたれに…納豆のたれにごま油、唐辛子、しょうゆ少々を入れてよく混ぜる。餃子のほか、小籠包やシューマイなどにもよく合う。

手作りたれ

- オイスターみそだれ…みそ、オイスターソース、酒、砂糖各大さじ2をよく混ぜる。
- にんにくみそだれ…赤みそ、砂糖各100g、おろしにんにく大さじ2、酒大さじ4、サラダ油大さじ1、しょうゆ少々を鍋に入れて火にかけ、砂糖が溶けるまで煮る。
- おろしだれ…玉ねぎ1/4個とにんにく1かけをすりおろし、しょうゆ大さじ2、酒、サラダ油各大さじ1とよく混ぜる。
- ごまだれ…練りごまと砂糖をすり混ぜ、火にかけてアルコール分をとばした煮切りみりんと薄口しょうゆ、酒、だしを混ぜる。
- 焼き肉だれ…しょうゆ1/4カップ、酒、砂糖各大さじ2、おろしにんにく2かけ分、おろししょうが小さじ1、すりごま大さじ1、玉ねぎのみじん切り1/2個分、ごま油大さじ1をよく混ぜる。

買わずに作ろう! たれ＆ドレッシング

**買うとけっこう高くつくのがたれやドレッシングです。
用途に合わせて買いそろえていたら家計は火の車。
家に常備してある調味料だけでカンタンに手作りできるので、
ここは節約精神を貫いて手作りで乗り切りましょう。**

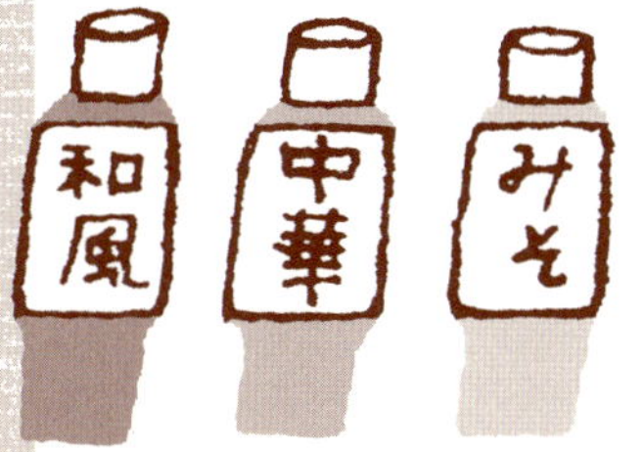

手作りドレッシング

- 和風ドレッシング…しょうゆ、サラダ油、酢各大さじ1、みりん大さじ1/2を混ぜる。生ほうれん草とベーコンのカリカリサラダにぴったり。
- みそドレッシング…白みそ、酢、サラダ油各大さじ1、酒小さじ1を混ぜる。にんじんのせん切りサラダや大根サラダにぴったり。
- 中華ドレッシング…サラダ油1/2カップ、ごま油、酢各1/4カップ、しょうゆ大さじ1、塩小さじ1/4、こしょう少々を混ぜる。春雨サラダや海藻サラダにぴったり。

おまけ **いつもは使わないけれど、
買うと高い調味料も手作りできますよ！**

- タバスコ…酢大さじ1、2〜3mmの小口切りにした赤唐辛子3本、塩小さじ1/2を容器に入れて、電子レンジ（500W）で40〜50秒加熱。取り出してよく混ぜ、赤唐辛子を取り除く。
- ラー油…小鍋にごま油大さじ1を入れて熱し、2〜3mmの小口切りにした赤唐辛子3本を加えて弱火にかけて、焦がさないように5〜6分炒める。
- バルサミコ酢…酢大さじ1、ウスターソース大さじ1をよく混ぜる。分離したらその都度かき混ぜて使う。
- 豆板醤…赤みそ大さじ1、一味唐辛子小さじ1を容器に入れてよく混ぜ、ここへごま油を少しずつたらしながら混ぜる。冷蔵庫で3〜4日保存可能。

食費1か月1万円を実現するための スーパーマーケット攻略法

よい商品を安く買うことができれば、食費を減らすことができます。買い物上手になるためには、広告のチェックの仕方、スーパーへ行って注意することなど、知っておくことがたくさんあります。ここでしっかりマスターしておきましょう。

買い物の心得3か条

其の1 広告チェックは毎朝の習慣にする

広告は商品選びの目を養う資料です。日々チェックをすることで価格の感覚を養うことができるので、買う・買わないは別としても欠かさずチェックする習慣をつけましょう。

POINT 1

カラーと2色刷り広告。お得な情報が多いのは2色刷り!

カラーにもお得情報はありますが、比較的驚きの価格がのっているのが2色刷り。カラーに目を奪われないように!

POINT 2

写真なしの広告に隠れ特売品はある!

写真がなくて文字だけで特売の商品が紹介されている場合もよくあります。目立ちにくいのですが、見逃さないで!

POINT 3

タイムサービスに合わせて買い物を!

時間が制限されるということは、売る数が限定されるということでお得。タイムサービスをねらって出かけましょう。

POINT 4

タイムサービス、日替わり、週替わり、定休日をチェック!

お得度の高い順は、タイムサービス、日替わり、週替わり、月間セール。定休日前日の閉店3時間前からが買いどき。

POINT 5

「○○円均一」に飛びつかない!

「100円均一」などのフレーズは、かなりインパクトがありますが、惑わされずに量・個数など必ず確認しましょう。

POINT 6

割引品は通常の価格と比較すること!

「半額」=「安い」と思いがちですが、グラム当たりいくらになるのかをまずざっと計算して、通常の価格との比較を。

其の2 店の特徴をとことん把握する

店が独自に打ち出しているサービスなどを、きちんと知っておきましょう。

POINT 1

入り口周辺の看板をチェック!

お得情報や、タイムサービス、定休日などの情報が書かれているので、入店する前に立ち止まってチェックする習慣を。

POINT 2

ポイントカードは活用すべし!

ポイントを集めると、キャッシュバックや景品など、かなりお得。ポイントが2倍、3倍になる日もあるので、よくチェックして!

POINT 3

大きなPOPや派手な値段表示には注意!

派手な値段表示が必ずしもお得とは限りません。普段の値段をよく知っておき、誇大表示に惑わされないように!

POINT 4

プライベートブランドもチェック!

プライベートブランドとは、大手スーパー独自の開発商品のこと。メーカーのものとよく似たものが多く格安!

POINT 5

島陳・突き出しは必ずチェック!

店内の通路に島のように商品を陳列するのが島陳。突き出しとは常設の棚から突き出したように陳列された商品。

POINT 6

お買い物バッグは必ず持参!

今やマイバッグ持参は常識。最近は袋をもらうと有料になっているところも。バッグ持参でポイントがつくお店も。

POINT 7

底値表で傾向チェック!

底値表をつけていると高い、安いの価格感覚が身につきます。底値は無理でも、妥協する値段がわかってきます。

其の3 買い物メモを作る

メモを作る前にやっておくべきことがあります。それは献立。
広告の特売品を見ながら在庫と照らし合わせて大まかな1週間の献立を作ります。
そして買うものを書き出してから、いよいよ買い物へゴーです。

※献立及び買い物メモはP110の表を活用してください。

POINT 1
買い忘れ、ムダ買いを防止できる！

買い物メモを持って行くと、買いたいものだけを買うことができます。ムダ買いをセーブするためにも買い物メモは有効です。

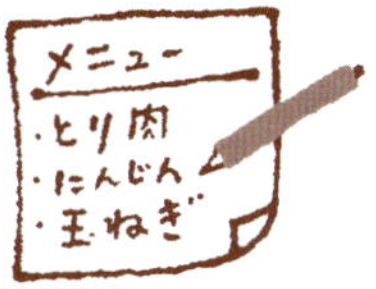
メニュー
・とり肉
・にんじん
・玉ねぎ

POINT 2
メインのメニューはカンタンにメモ書きしておく。

実際にお店へ行ってみると、当初予定していたメニューに使う食材の特売品より安い特売品が見つかることがあります。このとき、メインメニューを書き出しておけばその特売品で代用できるかも。そんなとっさの判断に備えるため、メインメニューだけはメモに書き添えておきましょう。

Last Message

「節約は上手にお金を使うこと」をモットーに、楽しい節約に日々はげんでいるまゆみさんですが…
私たちだって時には外食もするんですョ
うふっ
チョキーン
チョキーン
どんな高級料理でも嫌な空気の中で食べたら全くおいしいと感じませんが
節約料理でも調理に工夫したり、会話を楽しんで、笑顔いっぱいで食べる料理は――
けんか中
フン
私にとって外食することはすてきなお皿や、盛り付け方、素材の使い方と、全て自分の勉強ととらえています。
そのために、日頃浮いたお金を貯めておいて外食するときは思い切って使うのです。
ファストフードでの外食はめったにしません
私にとってはごちそうであり、おいしい食事の時間なのです。
みなさんは、いかがですか？
この本がそんな時間をつくるお役に立てれば幸いです。

献立表&お買い物表

1週間分の献立を考えて、買うものを書き出し、メモを作って買い物へ。
これをしっかり守ると食費1か月1万円生活は必ず実現できます。各週の初めにお手本があるので、
それを参考に自分で書き出してみましょう。この表をコピーして活用してください。

第　週目

月日	献立			下準備	今週のお買い物
	朝	昼	夜		
月　日					
月　日					
					今週の合計
月　日					
月　日					
月　日					
月　日					
月　日					

在庫表

今、何が冷蔵庫に残っているかで、献立の作り方も買い物するものも変わってきます。
在庫品を腐らせないためにも、この在庫表を冷蔵庫に張って、毎日しっかりチェックを。
「使ったら消す」を死守してください。献立表と同様にコピーして活用してください。

冷蔵1	冷蔵2	チルド1
		チルド2

野菜室

冷凍1	冷凍2

編集　小橋美津子　山口智美

写真　南雲保夫

スタイリング　鈴木亜希子

イラスト　しおたまこ

マンガ　荒木明日子

デザイン　ohmae-d
（中川 純　松見健司）

校閲　小川かつ子

超《スーパー》食費1か月1万円生活。

著　者　武田真由美
発行者　黒川裕二
発行所　（株）主婦と生活社
〒104-8357
東京都中央区京橋3-5-7
編集代表　03-3563-5129
販売代表　03-3563-5121
生産代表　03-3563-5125
印　刷　大日本印刷株式会社
製　本　小泉製本株式会社

Ⓡ本書の全部または一部を無断で複写することは、著作権法上での例外を除き、禁じられています。本書からの複写を希望される場合は、日本複写権センター（03-3401-2382）にご連絡ください。

※ 十分に気をつけながら造本していますが、万一、乱丁、落丁のある場合は、お買いになった書店か小社生産部へご連絡ください。お取り替えします。

武田真由美　たけだ・まゆみ

昭和51年徳島県生まれ。家族構成は、夫婦+父+犬5匹+猫1匹。新婚当時はパートに出ていたが、家事ができないことから専業主婦に。主婦雑誌「すてきな奥さん」（主婦と生活社）にアンケートはがきを送ったのがきっかけで、2001年9月号で読者の一人として初登場。その節約生活ぶりを見た読者からファンレターが届くほどの反響があり、元祖カリスマ主婦として、たびたび誌面に登場。2005年に初めての本「食費1か月1万円生活。」（小社刊）が出版され、テレビや新聞、雑誌から取材が殺到。一躍時の人となる。その後ファイナンシャルプランナー資格取得、食生活アドバイザー、愛玩動物飼育管理士資格取得。2006年から、徳島新聞カルチャーセンターにて「すぐできる節約生活」の講師。2007年から創作節約料理教室「まゆみキッチン」主宰。今なお地道な暮らしぶりと次々に生み出す節約ワザが多くの専業主婦から支持されている。
http://plaza.rakuten.co.jp/rakidsgarden

Ⓒ Mayumi Takeda 2008
Printed in Japan
ISBN978-4-391-13583-1